AF565734

WAHRSCHEINLICHE HERKÜNFTE

Ivna Žic

WAHRSCHEINLICHE HERKÜNFTE

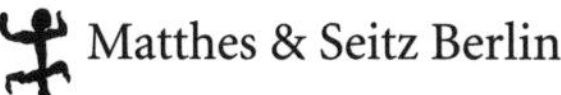
Matthes & Seitz Berlin

ICH FRAGE DICH NICHT, WER DU NICHT BIST

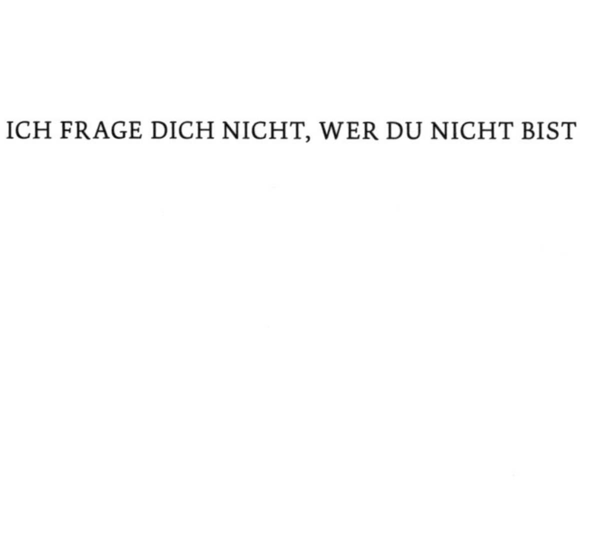

ERSTE SPRACHE

Die Sprache bezahlen wir
mit nichts anderem
als mit der Sprache.
Florjan Lipuš

Als meine Eltern im Sommer vor ein paar Jahren ihre Zürcher Wohnung, in der ich aufgewachsen, wo ich ausgezogen und in die ich immer wieder zurückgekehrt war –, als sie diese im Sommer vor ein paar Jahren räumten, um nach Zagreb zu ziehen, verbrachte ich mehrere Tage mit ihnen dort, um durch alle Sachen zu gehen und gemeinsam zu entscheiden: Brauchen wir das noch, brauchen wir es nicht, und wenn wir es brauchen, wo kommt es hin: Nach Zagreb? Zu mir nach Wien? Bleibt es bei meinem Bruder in Zürich? Oder brauchen wir es schlussendlich doch nicht mehr?

Im Zuge dieses großen Umzugs stand ich häufig für mehrere Stunden mit meiner Mutter im Keller, wo wir Kindheitskisten öffneten und Papier um Papier, Zeichnung um Zeichnung, Erinnerung um Erinnerung aus Kindergarten und Schulzeit, bis dahin akribisch aufbewahrt, in die Hand nahmen, anschauten, besprachen und schließlich vor der Entscheidung standen, ob es weiterhin aufbewahrt werden sollte oder ob die Erinnerung mittlerweile an Wert verloren hat.

Unter diesen Funden befand sich auch das erste »Buch«, das ich geschrieben hatte, oder eines der ersten, denn das Zeichnen und das Schreiben waren für das Kind, das ich war, eine ähnliche Bewegung. Eine, die ich gerne machte. Ich zeichnete mich damals an die gehörte Welt heran und an die Schriftzeichen in Buchstabenbüchern. Ich nahm sie als Vorlage, als Möglichkeit, die wandelbar war. Es fiel mir leicht, so zu erzählen, es war notwendig und scheinbar sehr klar, so dass ich »Bücher« schrieb in und mit allen Sprachen, die ich mit mir trug, und mit all ihren Klängen.

Das gefundene Buch besteht aus mehreren gefalteten A5-Seiten, die in der Mitte mit Heftklammern zusammengefasst sind. Auf allen Seiten ist zunächst in der oberen linken Ecke ein Punkt ersichtlich, ein feiner Punkt, den meine Mutter jeweils mit einem Bleistift gemacht hatte, um mir zu zeigen, auf welcher Seite des Blattes ich losschreiben sollte. Ich sage sollte, weil ich mich selten daran hielt und häufig doch von rechts nach links schrieb. Es war die einfachere Schreibart, denn ich schreibe mit der linken Hand, und wie es für Menschen, die mit der rechten schreiben, leicht von links nach rechts geht, so ist es für Linkshänder von rechts nach links zunächst zugänglicher als umgekehrt.

Das Nächste, was auffällt, sind die tanzenden Buchstaben, die, ohne Kontinuität oder innere Logik, mal links-, mal rechtsrum geschrieben sind. Immer in Großbuchstaben. Ich muss fünf oder sechs Jahre alt gewesen sein, noch vor der Einschulung, denn dort wurde dann alles, was ich hier beschreibe, zurechtgerückt.

Das erste Wort im Buch ist mein Name.

Die Schreibweise meines Namens ist mehr Bild als Wort und die Buchstaben reihen sich so auf:

I als großer Strich, der eine klare Richtung hat, immer von oben nach unten gezogen. An zweiter Stelle V, danach gleich nochmal V mit einem Strich daran: das steht für N, spiegelverkehrt. Stellen Sie es sich so vor: VI.

Und dann das A. Ohne viel Spielraum, so wie wir es kennen.

Das Ganze sieht ungefähr so aus: I V VI A und ist ein Spiel aus horizontalen und waagrechten Linien.

Ich lese den Namen nochmal.

Ich betrachte ihn als Bild.

Vor allem die zwei Buchstaben in der Mitte, V und N. Zwei sich sehr ähnliche Buchstaben, wie es scheint. Da das V vor dem N steht, schien es logisch gewesen zu sein, das N dem V anzugleichen. Es daraus zu entwickeln. So liest es sich aus der Schreibbewegung heraus. Das V hat oben rechts schon einen kleinen Haken, der nach unten fahren will und dann abrupt stoppt, als hätte das Kind noch im letzten Moment bemerkt, dass es beim V und noch nicht beim N ist, welches aus dem V weitergeschrieben wurde.

Dann der Nachname:

Der Nachname sieht aus wie zwei sich zugewandte Klammern, mehr wie eine Umarmung als die Öffnung, die Ž I C eigentlich ist: das Ž am einen Ende nach links geöffnet und das C am anderen nach rechts. Das Kind I V VI A drehte die beiden Buchstaben, die sich den Rücken zukehren, zueinander, so dass sie sich anschauen, begegnen. Einklammern. Diese Schreibweise ist auf der Computertastatur ebenfalls nicht zu tippen: das Ž nach rechts gedreht, das I wieder unberührt gleich und das C nach links gedreht. Es scheint eine Möglichkeit zu sein, das Wort von beiden Seiten her zu lesen, beide Seiten könnten ein Anfang sein, bei dem man sich in der Mitte trifft, beim Strich, der vielleicht ein Spiegel ist.

Dieses Bild entsprach (für das Kind, das ich war) dem Klang meines Namens.
Ich schrieb und las und zeichnete und hörte mich selber so:

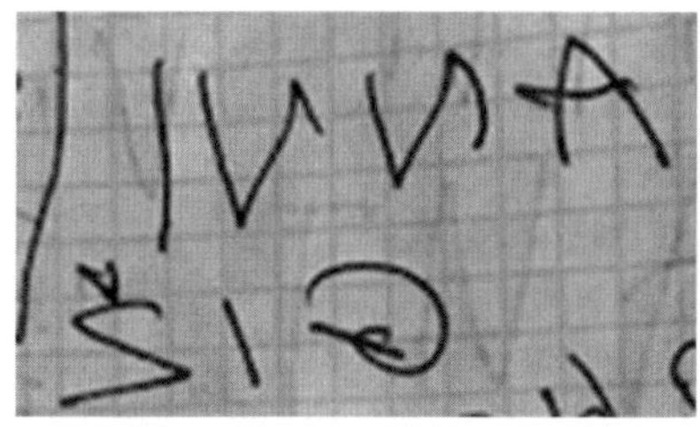

Dann folgt die Adresse.
Wir wohnten damals an einer Straße mit dem Namen Fleischbachstraße, Hausnummer 69 – und ich kann mir vorstellen, dass auch diese Spiegelung – 6 und 9 – dem Kind eine Freude bereitet hat.

Nach Straße und Hausnummer folgt noch das Land, in dem ich wohnte, und heißt:

S C H V I C E R L A VI D

S C H V I C E R L A VI D, das ist: Das Schweizerdeutsche – d'Schwiiz, das Kroatische – Švicarska und das Hochdeutsche – die Schweiz. Und irgendwo hatte sich das »Land« eingeschlichen, vielleicht durch meine amerikanische Nachbarin Jessica, die Englisch sprach – Switzerland. Also ein amerikanisches »Land«.

Die Buchstaben all dieser Sprachen sind in S C H V I C E R L A VI D vorhanden, in einem Wort, das als Bild vielleicht sogar vielschichtiger oder: viel-sprachiger erzählt als im Klang.

Diese wenigen Zeilen, eigentlich kein Text, sondern vielmehr eine Benennung, eine Bekundung: wer schreibt hier und woher – diese ersten Zeilen tragen in sich schon alle Sprachen, Dialekte und Möglichkeiten, in denen ich mich als Kind bewegte. Später begann ich über diese gleichzeitige Vielzahl zu schreiben, zu forschen, suchte und suche meinen Weg dahin zurück, im Theater, im Text – und fand an jenem Tag im Keller, in diesem kleinen Buch, in der Schreibweise eines Namens und einer Adresse, alles zusammen, gleichzeitig, wieder. Diese Art und Weise, mich zu schreiben, meinen Namen, meinen Ort und in all dem die Vielzahl, das Plurale der Sprachen, der Klänge, der Schriften stehen zu lassen: Das ist vielleicht die intimste, die ehrlichste, vielleicht: meine Sprache.

Poesie ist die Art, mit der wir
dem Unbenannten Namen geben,
so dass es gedacht werden kann.
Audre Lorde

Oder mit Paul B. Preciado gesagt:

> Ein Wort ist keine Repräsentation einer Sache. Es ist ein Stück Geschichte: eine unabschließbare Kette von Verwendungen und Zitaten. Ein Wort ist zunächst Ergebnis einer Feststellung oder eines Staunens, Resultat eines Kampfes oder Besiegelung eines Triumphs. Es war Niederschlag einer Praktik, die sich erst später in ein Zeichen verwandelte. Der Spracherwerb in der Kindheit setzt einen Prozess des Sicheinbürgerns der Sprache in Gang, der dazu führt, dass wir nicht mehr in der Lage sind, den Nachhall der Geschichte in unserem eigenen Sprechen zu hören.

Dieses Zitat ist im Kapitel »Etymologien« des Buches »Ein Apartment auf dem Uranus – Chroniken eines Übergangs« zu finden. Ich höre zunächst und vor allem das »Sicheinbürgern« bei Preciado, es unterbricht den Lesefluss, es unterbricht und führt mich zurück zum schreibenden, zeichnenden Kind, das ich war und das später dann durch das Einbürgern auch unterbrochen wurde. Ich wiederhole: »Kindheit setzt einen Prozess des Sicheinbürgerns der Sprache in Gang, der dazu führt, dass wir nicht mehr in der Lage sind, den Nachhall der Geschichte in unserem eigenen Sprechen zu hören.«

Die Schreibweise meines Namens, die ich eben hör- und sichtbar zu machen versucht habe, kommt aus einer Zeit vor dieser genannten Einbürgerung. Sie kommt vor der Schule, in der das Schreiben jeweils einer Sprache zugeordnet, ihr zugehörig gemacht wird. Die Schreibweise meines Namens kommt vor der einsprachigen Schule in Basel, die uns ein sogenanntes Hochdeutsch beibrachte und die damit eigentlich immer schon zweisprachig war: denn die Lehrerin sprach Mundart mit uns, konkret: den Basler Dialekt, und brachte uns zugleich lesend das Hochdeutsch bei. Sie teilte die Sprache in eine offizielle und eine inoffizielle Sprache. Es war wichtig, dass nur in der offiziellen Sprache geschrieben wurde. In der inoffiziellen wurde gesprochen. Den Dialekt nennen wir nicht ohne Grund Mundart.

Das Schreiben, das ich vorhin beschrieb, hatte noch keinen offiziellen Raum, fand in einer Zeit außerhalb des offiziellen Schreibens statt, denn ich hatte es offiziell noch nicht gelernt, war nicht verpflichtet, es zu können, es also: richtig zu können. Aber war das vielleicht das ehrlichste Schreiben? War es vielleicht das eigentliche Schreiben? War es das Schreiben, in dem noch ein »Nachhall der Geschichte«, der Nachhall meiner Geschichten zu hören ist? Nicht eingebürgert entsprach die Sprache noch der Welt, die mich umgab. Eingebürgert oder eingeschult wurde sie vereinfacht? Eindeutig? Einsprachig?

Das tatsächliche sogenannte Einbürgern in die Schweiz kam erst zehn Jahre später. Es fiel mir leicht, es war keine Hürde, denn die Sprache war da schon so klar, man hörte mir in dem Moment nichts an außer den Zürcher Dialekt, den ich damals sprach und den ich mir nach dem Umzug von Basel nach Zürich sehr schnell angeeignet hatte. Das reichte aus, um den Beamten, den ich verpflichtend treffen musste für ein Gespräch, von meiner Einbürgerung zu überzeugen. Es klangen keine anderen Geschichten und Länder in meiner Sprache mit, als ich mit ihm sprach, natürlich in der Mundart, denn die inoffizielle Sprache ist eigentlich jene, in der Entscheidungen getroffen werden. Wer die inoffizielle mündliche Sprache ohne Nachklang einer anderen spricht, aus sich heraus – denn je älter man wird, umso schwerer lernt man sie, man muss sie sprechen, ohne dass sie gelernt klingt, so wie jeden Dialekt –, wer diese Sprache spricht, als wäre sie immer schon Teil von ihm oder ihr gewesen, wer nicht mehr staunt oder suchend spricht, gehört dazu.

So hat mich also der Dialekt eingebürgert und die Schule auch.

Doppelt gehörte ich nun dazu, die Frage ist und bleibt aber: Wohin dazu? War daraus eine Richtung abzulesen? Was hatte das Einbürgern verändert? Ich hatte ja nichts zurückgelegt, zurückgelassen, es war ja nur etwas dazugekommen. So bürgerte ich mir das Schweizerdeutsche und einen Pass dazu, nicht ein. Dazubürgern wäre doch eigentlich das schönere Wort als Einbürgern oder wie bei Preciado: »Sicheinbürgern«.

Nicht ein- oder aus-. Nicht sich.
Sondern alles rundherum: dazu und dazu und dazu.

Es sprechen also gesamte Kinder-Generationen perfekten Dialekt, zum Beispiel den Zürcher Dialekt, ohne Nachklang, perfekt meinend: gelernt und dann das Gelernte versteckt, den Nachhall verloren. Und es sprechen gesamte andere Generationen, die der Eltern und Großeltern dieser Kinder, in diesem Land oft mit Nachklang. Mit Geschichten dahinter, mit Geschichte, und fallen auf. Fallen heraus, andauernd. Gehen und fallen anders als wir, ihre Kinder, es tun. Versuchen alles viel richtiger zu machen, als wir es tun, und klingen immer anders. Ist das schmerzvoll? Ist das Teil all dieser Geschichten? Gibt es viele Risse und einer davon geht direkt durch diese Familien? Ein Riss, der erstmal ein sprachlicher ist? Ja.

Und ich frage mich: Warum?
Warum müssen diese Klänge Risse verursachen?
Warum müssen die Eltern und die Großeltern diesem dauernden Bedürfnis nachgehen, ja nichts falsch zu sagen?
Warum müssen Klänge und Nachklänge unklingend gemacht werden?
Warum müssen die Sprachen unauffällig bleiben?
Warum ist Nachklang nicht Reichtum?

Es sprechen Familien also zwei unterschiedliche Sprachen. Mindestens. Nie habe ich im Deutschen gleich geklungen wie die Eltern. Immer habe ich aber genau wie sie geklungen im Kroatischen, identisch fast, denn sie waren die zwei Menschen, die mir diese Sprache beibrachten. Diese zwei Menschen sind größtenteils meine kroatische Sprache: Ihr Dialekt, ihre Sprichwörter und ihre Klänge waren für den Großteil der Zeit mein einziger Referenzraum. Alle anderen, die diese Sprache auch sprachen, waren immer weit weg. Ich sprach und ich spreche größtenteils die kroatische Sprache meiner Eltern. Und ich spreche das Zürich-Deutsch, das vor unserer Haustüre gesprochen wird.

»Diese zwei Menschen sind größtenteils meine kroatische Sprache.«

Ich lese den vorherigen Absatz nochmals und bleibe bei dem Satz hängen. Meine kroatische Sprache. Meine Küchentischsprache, sage ich auch oft. Meine Sommerferiensprache. Meine emotionale Sprache. Meine intime Sprache, vor allem. Und: meine Sprache, in der ich nur ungefähr schreiben kann. In der ich langsamer lese als im Deutschen. Wie eine gesamte Generation mit mir. In der ich zuhause alle Gefühle weinend und fließend am Küchentisch erzähle, jedoch nie ein Buch oder Theaterstück geschrieben habe. All das trägt diese Sprache in sich. Und noch mehr: Diese Sprache hat ebenfalls eine vielsprachige Geschichte, außerhalb dieser und vieler Küchen. Eine Vielsprachigkeit, die in mehreren Ländern verstanden wird. Für Menschen aus dem deutschsprachigen Raum eine bekannte Situation. Darin sollte eine Ähnlichkeit stecken, ein Verständnis füreinander. Sprache, die in jeder Ecke anders klingt. Es stecken viele ähnliche Sprachen und Namen in ihr, es sind viele Sprachen, die in ihr und mit ihr klingen. Die sich mühelos gegenseitig verstehen. Es sind nicht nur Dialekte, es sind vielfältige Hochsprachen und sogar unterschiedliche Schriften, in denen diese Sprachen sich begegnen und zusammen sprechen können.

Doch selten stößt die Sprache auf Verständnis außerhalb ihrer eigenen Ecke. Sie kommt aus einem Gebiet, in dem immer und immer wieder gekämpft wird. Auch um die Sprache. Auch um ihren Namen. Um Ähnlichkeiten. Und um Abgrenzungen. Sie kommt aus einem Gebiet, in dem oft überschrieben wird. Umbenannt wird. Und trotzdem kann man in einem Auto oder Bus, mit dem Schiff oder mit dem Flugzeug in diesem Sprachengebiet weit reisen und wird immer noch und immer wieder verstanden. Im Gespräch. Bei einer Bestellung. In der Post. Anders, aber ähnlich.

Und weil ich in meiner Küchentischsprache nicht schreibe, bin ich ihr gegenüber häufig auch fremd. Ungenauer, vom Gefühl her, als in dieser Sprache, in der ich jetzt spreche und lese. Schneller habe ich das Gefühl, falsch zu liegen. Falsches zu sagen, in ihr und über sie. Weil mich erstmal, anscheinend, mehr mit dieser Sprache hier verbindet. Vielleicht ist diese Sprache hier freier. Vielleicht kann ich in ihr meine Geschichte anders entdecken, weil sie nicht in jedem Wort seit immer schon lauert. Und das kann unheimlich sein.

Wenn ich »kroatisch« sage, steckt in diesem Wort »ein Stück Geschichte. Ein Wort ist zunächst Ergebnis einer Feststellung oder eines Staunens, Resultat eines Kampfes oder Besiegelung eines Triumphs.«

Auch innerhalb einer Familie gibt es Unterschiede im Klang. Überall.

Zum Beispiel: Den Insel-Dialekt meiner Großmutter habe ich nie so sprechen können wie den Zürcher Dialekt. Habe ihn nie gelernt. Und irgendwann war es nicht mehr möglich, ihn zu lernen, weil der Dialekt, wie gesagt, irgendwo aus dem Kinderbauch kommen muss, aus den Kinderbeinen und den Kinderhänden, nicht aus dem erwachsenen Kopf. So war ich auf der Großmutterinsel in Kroatien immer fremder, sprachlich betrachtet, als in Zürich. Sprach den Zagreber Dialekt meiner Eltern und war auf der Insel immer die aus der Stadt, mit dem falschen, dem auffallenden Klang. Nie eingebürgert auf der Großmutterinsel, aber in der Schweiz. Nie der Großmutter sprachlich wirklich nahe gewesen, aber der Schweizer Lehrerin. Dem Beamten bei der Einbürgerung. Der Frau an der Kasse im Supermarkt. (Obwohl die noch am spannendsten ist, weil sie wahrscheinlich beide Sprachen spricht oder noch eine dritte.)

Immer der Großmutter nahe gewesen und nie der Schweizer Lehrerin.

Auf der Großmutterinsel bin ich wiederum in Stein gemeißelt, seit immer von dort, nicht eingebürgert, sondern eingeschrieben: durch den Namen, der von dieser Insel kommt und nur von der Insel. Dort heißen alle so. Jeder mit anderer Geschichte, mit anderen Sprachen, aber: mit dem gleichen Namen. Er ist in die Grabsteine der Insel gemeißelt. Einziger Ort, an dem keiner aufhorcht. An dem kein Buchstabieren notwendig ist.

Nicht selten werde ich gefragt – man könnte vielleicht sagen: darum, also, daher –, ob ich etwas über Entfremdung schreiben könnte. Und meistens stimme ich schnell zu, als wäre ich längst schon Expertin für solche Texte, als wäre es lange schon selbstverständlich, dass jemand fragt: Entfremdung, anybody? Und ich so: Ja ja, hier, klar! Dafür hat man mich hierhergebracht, dafür doch die ganze Mühe, Erziehung, Wanderung und Annahme des Status quo, damit ich dann so: Entfremdung?

Hier! Bei mir!

Bei uns.

Wir sind viele, Körper mit ähnlichen Bewegungen, Erfahrungen, Entfernungen, durch deren Fernen und diesen zum Trotz so etwas wie ein kollektiver biografischer Bogen gespannt werden kann. Mit Eltern, die alles dran- und draufgesetzt haben, Tag für Tag, jegliches Fremde auszublenden. Namen wurden neu klingend gemacht, so dass sie hier ausgesprochen werden können, ebenso Haarschnitte, Kleiderschnitte, Farben, wie man Bus fährt (leise), wie man im Bus die Elternsprache spricht (leise), wie man reagiert, wenn andere die gleiche Sprache sprechen (lächelnd, aber nicht weiter darauf eingehend), wie man sich grundsätzlich verhält: als wäre man schon immer hier gewesen, das heißt: Habtachtstellung, immer, denn hinter jeder Ecke lauert eine neue Gewohnheit, ein neues Sprichwort, eine neue

Formulierung, eine weitere Geste, die falsch ausgeführt werden könnte, die aber sitzen muss. Sagten die Eltern. Sagen es immer noch.

Oder: Einbürgerung, du meine zweite katholische Erziehung. Weil du 1: mit Demut behaftet bist und Scham auslöst, 2: an eine Institution glaubst und 3: die Erlösung versprichst. Die Ankunft am besten aller möglichen Orte. In einer Zukunft, die du versicherst, die aber nie ganz eintreten wird: kein Ausruhen, kein Entspannen, da gibt es niemanden, der jemals sagen wird: »It's ok now.« Und die Eltern beten jeden Tag zu ihr, ora et labora, es ist harte Arbeit und sie wird vollzogen. Man kommt nicht und ist einfach, ist nicht einfach die Person, der Mensch, der Körper, man wird: somebody, man wird: Teil vom Ganzen.

Oder: Einbürgerung, du unerfüllte monogame Liebe, du Wiederherstellung eines Ganzen, weg mit dem Fremden, der Fremden, das Fremde in dir soll aufgehen im Ganzen, verschwinden, aber dieser Körper bleibt und stellt sich quer, permanent, permeabel, will man rufen und streitet sich laut mit diesen gläubigen Eltern, es kann doch nicht sein, dass ihr immer noch und weiterhin an diese eine große Liebe glaubt, daran, dass wenn ihr alles richtig macht, dass wenn ihr diesen Glauben pflegt und hegt, wenn ihr tagtäglich leise und richtig und unauffällig –!

Und nun schauen die Kinder dieser Eltern, die längst keine Kinder mehr sind, die längst selber Eltern sein können, diese schauen ihre Eltern nun an und fragen sich: Wie viele Jahre werden wir brauchen, um diese letzten dreißig oder so Jahre der Eltern zu verstehen oder: erzählen zu können? Wir waren die gesamte Zeit über dabei, zuerst an ihrer Seite, zuerst ganz nah, dann immer weiter weg, es ging schnell, sehr schnell und schon standen wir ganz anders, sprachen wir ganz anders, bewegten wir uns ganz anders durch diese Straßen und Städte als diese Eltern, die weiterhin an unserer Seite waren, auch wenn wir weitergingen, bis wir an fast gegenüberliegenden Seiten standen. Und uns anschauten. Aus einer neuen Ferne. Und plötzlich scheint alles oder vieles, wegen dem sie gegangen sind oder das sie uns mitgegeben haben (Sprachen, Reisepässe, Reiserouten, die Familiengeschichte, das Mittagessen am Sonntagnachmittag, ein politischer Kontext, den es nicht mehr gibt, ein Land, das es nicht mehr gibt, das neue Land …), aus einem anderen Blickwinkel beleuchtet zu werden. Gegenläufig gelebt zu werden. Wir stehen ihnen häufig wortlos gegenüber und wissen nicht mehr: Berühren wir uns noch?

Auf jeden Fall glauben wir nicht, sagen wir ihnen, auf jeden Fall lassen wir uns nicht zurechtschneiden, um dazuzugehören. Wir werden nicht weiter dieser unerfüllten Liebe hinterherrennen, wir werden alles ganz anders machen! Wir werden unsere Namen zurückändern, wir werden alle Sprachen gleich laut sprechen, uns kann keiner was, wir sind unverletzlich, von der Sehne bis zum Herzen, aber eure Integration, euren festen Glauben daran, den müssen wir ablegen, den werden wir so nicht mehr durchziehen, ziehen uns sowieso alles an, was wir wollen, oder aus, denn die Scham: pah! Wir lassen any Fremdes zu.

Und so gehen wir durch die Welt, bis etwas Unerwartetes passiert, bis es wieder schmerzt: zum Beispiel bei einer Premiere dieses Kindes von einem anderen Körper ihres Alters angesprochen zu werden. Einem Körper ihres Alters, der hier aber schon seit Generationen Wurzeln schlägt und darin träge und schlagfertig zugleich ist, sich vor allem in Sicherheit wiegt, all diese Generationen von Hiersein in sich tragend, dieser Körper also tritt an die Eltern heran, bei dieser, sagen wir mal, Premiere, bei der das Kind, das erwachsene Kind, Regie geführt hat; und bei der dieser Körper ebenfalls mitgewirkt hat. Er ist männlich, weißhaarig, gebildet, irgendwie beeindruckt und zugleich davon verängstigt, dass diese Eltern also dieses Kind hier haben, das potentiell ein Selbstverständnis im Hier-Leben haben könnte, das Regie führt an einem Stadttheater, das also sogar Führungspositionen übernimmt, dieses weibliche Kind, viel jünger als dieser ältere, weiße Körper, es ist das Jahr 2000-x, und er fragt, ganz simpel und direkt, so direkt, wie es sich die Eltern (und da könnte man wütend werden!) auch nach dreißig Jahren hier nie trauen würden, trotz aller Rhetorik und Gewitztheit, die sie doch irgendwo in sich tragen (aber wie gesagt: Scham, Demut ...) – also dieser andere Körper, der sichere, der fragt: Wie geht es Ihnen als Gastarbeitern – damit, dass Ihr Kind nun als Künstler (natürlich nicht Künstlerin) einen ökonomisch unsicheren Weg bestreiten wird? Sie sind doch wegen des sicheren Geldes gekommen, nicht wahr?

Er überrumpelt sie. Die Eltern lächeln. Sie stottern leicht. Sie erklären sich, natürlich, denn das haben sie gelernt: Sie können immer erklären, dass sie ihre Kinder unterstützen, dass es ihnen nicht ums Geld geht, sondern wie allen Eltern um das Glück ihrer Kinder, und leise sagt der Vater auch noch: Ich bin nicht wegen des Geldes gekommen, sondern für das Abenteuer – wahrscheinlich sagt er es nicht einmal leise, doch der Mann mit dem Selbstbewusstsein mehrerer Generationen in sich freut sich so oder so: Da ist die Verunsicherung wieder und hier bleibt sein fester Stand. So muss es sein.

Und sie sagen nicht: Was fällt Ihnen ein, diese Frage zu stellen?

Und sie sagen nicht: Wir waren keine Gastarbeiter.

Und sie sagen nicht: Sie kennen unsere Geschichte nicht. Was fällt Ihnen ein, uns einen Namen zu geben, was fällt Ihnen ein, unser Leben zu kategorisieren, zu meinen, uns zu kennen, uns alle, nach dreißig Jahren hier –

Und niemand sagt: Dieses Kind, das verdient doch gar nicht so schlecht als Regisseurin. Im Gegenteil.

Nein, es wird gelächelt.

Danach kommt er zum erwachsenen Kind dieser Eltern, dieser Mann, gratuliert ihr, freundlich, lächelnd, wiederholt zum Schluss den Vornamen dieses Kindes und sagt dann zum Abschied: Was für ein ungewöhnlicher Name.

Abgang weißer, weißhaariger, gebildeter Mann.

Zurück bleibt: eine Familie, ein Schweigen, ein stolzer Blick unter Augenringen, die von einem Moment auf den nächsten wieder schwer im Gesicht liegen, ein weiterer Sekt, ein Stehen im Raum mit wackeligem Schatten. Müdigkeit.

Wo die Verletzung liegt? Wo sie beginnt? Nicht einmal nur in der bekannten Bedeutung von »Gastarbeiter:in« als jemandem, der oder die für eine begrenzte Zeit in einem fremden Land arbeitet, oder: einem ausländischen Arbeitnehmer. (So geschrieben, männlich, und so beschrieben erscheint das Wort 1967 zum ersten Mal im Duden.) Schon der kleinere Teil des Wortes oder eigentlich der große: »Gast« verliert in diesem Moment all seine Herzlichkeit: klingt scharf, klingt bitter. Gast, immer noch? Weiterhin? Oder gar: für immer? Und »Arbeiter«, so wahr: Sie haben dreißig Jahre lang gearbeitet, um keine Gäste mehr zu sein, sie wollen nur noch in den Ruhestand, stehen kurz vor ihm, doch dieser scheint nicht vorgesehen zu sein.

Dabei kamen sie als Akademiker und arbeiteten von Anfang an in ihrem Beruf.

Doch warum muss das betont werden?

Warum wird nicht das gefragt?

Und das Kind? Das sichere, sicher stehende, mutig gehende Kind? Steht auch müde da. Ärgert sich über die Langsamkeit. Ärgert sich, dass es immer noch überrumpelt werden kann von solchen Fragen, die weiterhin gestellt werden. Und auch davon, dass solche Fragen immer noch Teil einer ziemlich ungeselligen Gesellschaft sind, dass sie gar lauter werden von Tag zu Tag, dass die Anstrengungen noch lange nicht vorbei sind, sondern vielleicht gerade wiederbeginnen. Anders beginnen. Und noch mehr Kraft brauchen werden. Doch das Kind weiß: Es wird stehen bleiben (Last One Standing). Es wird darauf bestehen.

Es wird weitergehen.

ETWAS BLEIBT

Zufällig, zufallend:
Namen, wie Lose.
Thomas Schestag

Und trotzdem bleibt etwas. Davon bleibt viel.

Immer bleibt also dieser Name, der anscheinend sofort unsere Geschichte erzählt. Der anscheinend eine Geschichte erzählt und wenig Veränderung, wenig Abweichung zulässt. Zunächst. Auf den ersten Blick. Ein Name ist immer ein erster Blick. Wir wollen diesen Namen haben, wir wollen ihn richtig aussprechen und schreiben, wollen nicht Namenlose sein, wollen aber auch nicht, dass der Name ständig unser Los ist, ständig bestimmend, was vielleicht auch nur Zufall ist: Herkunft. Die Gesellschaft hier unterwirft uns unserem Namen. (Der Name überlebt, die Eltern, uns –)

Wir sind die Zweiten, in der Schweiz hat sich dafür der Begriff »Secondo« etabliert, der Sprache der italienischen Einwanderer entliehen und bis heute gültig, bis heute sehr alltäglich im Gebrauch, eigentlich nicht abschätzig, würden viele sagen. Eigentlich aber schon. Secondos und Secondas: ist auch einer unserer Namen. In einer fremden Sprache. Oder eigentlich: in einer der vier Schweizer Landessprachen? Also eigentlich: schweizerisch? So schweizerisch und fremd wie die Schweiz in sich ist? Sich selber gegenüber ist?

Was bleibt: dass weiterhin andere kommen, nachkommen, die wieder die Ersten sein werden. Wie wir für immer die Zweiten bleiben. Und dass alle Ersten wieder von vorne beginnen müssen, als wäre noch nie jemand davor da gewesen, dass sie wieder sagen: Sprache schnell lernen, nicht auffallen im Bus, Ausweis machen lassen, Papiere klären, Job suchen, gut sein, aber nicht zu gut sein, denn das würde auch auffallen. Dass immer alle von vorne beginnen müssen. Dass erst ihre Kinder sich etwas entspannter bewegen werden.

Die Beweglichkeit ist denen, die ja nur scheinbar immer schon da waren, abhandengekommen. Und auch das Bewusstsein für die vielen Geschichten und Sprachen, die sie alle auch in sich tragen. Denn auch sie haben Bewegungen in ihren Geschichten und Sprachen, die hörbar sein könnten. Erzählbar. Die zählen könnten.

Was bleibt: Dass die, die anscheinend immer schon da waren, stets das Gefühl haben, im Recht zu sein, in der Mehrzahl. Die Mehrheit zu bilden und somit auch die Perspektive des Erzählens, des Sprechens und auch des Lesens zu bestimmen. Bücher und Erzählungen werden viel zu gern nach Gruppen geordnet und betitelt, die anscheinend eine Minderheit bilden. Doch werden so nicht überhaupt erst Gruppen und Minderheiten produziert? Wird so nicht erst auf »Andere« verwiesen? Warum gibt es in Buchhandlungen die unangenehme und reduzierende Überschrift »Frauenliteratur«, aber nie »Männerliteratur«? Oder im Feuilleton den viel zu häufig verwendeten Begriff »Migrationsliteratur«? Wer hat bestimmt, dass Literatur so gelesen wird? Welche

Mehrheit hat das entschieden? Warum soll ein Buch aus einer vorgeschriebenen Perspektive gelesen werden? Geht dabei nicht zu vieles verloren? Wird der Blick nicht geschmälert, wird nicht ein Fokus gesetzt, wo vielleicht keiner ist? Wo vom Leben erzählt wird, groß und allgemeingültig für alle?

Und vor allem stellt sich die Frage, ob diese bestimmende Mehrheit so noch stimmt. Ist es vielleicht nicht lange schon anders, sind nicht lange schon die, die in Bewegung sind, in der Mehrzahl? Oder einfach: genauso viele? Seit immer schon, wahrscheinlich? Und somit genauso selbstverständlich in ihren Erzählungen, Sprachen und Perspektiven? Keine Kategorie, keine Gruppe, keine Randfigur? Individuelle, vielschichtige Stimmen, nicht einzuordnen?

Warum nicht einmal so denken, so erzählen, so fühlen?

Warum sich nicht wundern über die, die anscheinend seit immer an einem Ort hocken und bleiben? Warum sich mal nicht gemeinsam wundern über die, die sich nicht bewegen?

Ich wünsche mir eine neue Selbstverständlichkeit. In der Literatur, im Theater, im Leben. Eine Selbstverständlichkeit, in der mehr als meine oder deine Biografie zählt. Eine neue Selbstverständlichkeit, um mich und dich und dich und dich möglich zu machen. Um die Gleichzeitigkeit der Perspektiven, Wege, Orte und Sprachen sicht- und hörbar zu machen, die viele Menschen schon lange leben, kennen, in und mit sich tragen. Die sie nicht mehr dauernd legitimieren sollen müssen. Die einfach da sind. Selbstverständlich sind.

Was bleibt, ist eine Frage: Warum eigentlich nicht alles aus mindestens zwei Richtungen lesen? Um vielleicht etwas mehr zu lesen: Mehr Leben. Mehr Beweglichkeit. Weniger Stillstand.

Ich nehme nochmals den Namen als Beispiel. Einen Namen, der hier erstmal eher fremd klingt. Für jene von hier, aus diesen Sprachräumen, für die der Name fremd klingt, ist dieser Name häufig eine Kategorie. Steht schnell für eine Erzählung, die nicht ihre ist.

Und dann gibt es alle anderen, die auch hier sind, für die der Name aber nicht fremd klingt. Die Geschichte dahinter nicht fremd ist. Im Gegenteil: Für diese Personen ist die Geschichte »nichts anderes« – es ist der Normalzustand, der beschrieben wird, in dem sie leben, in dem sie sich bewegen.

Können nicht beide Lesarten als neue Selbstverständlichkeit gelten, ohne gegeneinander ausgespielt zu werden? Ohne darüber zu sprechen, von welcher Art des Lesens, der Leser:innen, mehr da sind? Welche Leseweise gilt oder überwiegt? Können nicht immer mindestens zwei Blickrichtungen gelten?

Die zwei Lesarten, die zwei Blickrichtungen unterscheiden sich deutlich in ihrem Textverständnis und den daraus gezogenen Erkenntnissen. Erst zusammen erzählen sie wirklich. Erst zusammen können sie Kategorien auflösen und nicht mehr über Minderheiten oder Mehrheiten nachdenken. Zusammen erzählen sie von einer Welt, die sich täglich im Haus, im Bus, im Büro, auf der Probebühne: ereignet. Die da ist, draußen, vor der Tür. Und: Zuhause. Gleichzeitig.

Es ist die Perspektive des *und und und*. Des: dazu.

Nicht ein- oder aus-. Nicht wir und ihr. Nicht entweder oder.

Vielleicht ist das die neue Perspektive, die gelten sollte: Lesen aus mindestens zwei Richtungen.

Poesie ermöglich etwas, in der Tat.
Es macht dich möglich.
Audre Lorde

ICH FRAGE DICH NICHT, WER DU NICHT BIST

> There's a discipline for passion.
> *Lady Gaga*

Die Sprachwahrnehmung der Kindheit ist unwiederbringlich. Und doch versuche ich mich einzuüben in eine neue Selbstverständlichkeit, in der das Viele nebeneinander stehen bleibt, die Vielsprachigkeit. Ich habe mich hier, vor Ihnen und euch zu erinnern versucht, wie das war, das Sprachenlernen. Ich habe auch versucht, eine Langsamkeit einzufügen, eine Verlangsamung in den Prozess des Geschlucktwerdens von Vereinheitlichung. Vereinsprachlichung, Einbürgerung. Ich lese weiter bei Preciado:

> Zum Sprecher einer Sprache werden heißt, pragmatisch ausgedrückt, das man, paradox genug, immer weniger die Geschichte wahrnimmt, die in dieser Sprache wiederhallt, um sie so zu sprechen und zu vernehmen, wie sie heute klingt. Wörter zu gebrauchen bedeutet daher, die in ihnen aufbewahrte Geschichte unter der Bedingung zu wiederholen, die Prozesse politischer Herrschaft und sozialer Reproduktion auszublenden, die ihre Bedeutung einst gestiftet haben.

Ich stehe nun, während ich dies vorlese, in Hamburg, heute Abend, an einer Hochschule, an der ich selber studieren durfte. Hier durfte ich eine weitere Sprache lernen, die Sprache der Theaterregie. Auch diese Sprache hat, wie jede Sprache, eine aufbewahrte Geschichte, die in ihr widerhallt. Eine ganze Erzählung von Regisseuren, von Theatergeschichte, vom Duft der Probenräume, die an ihr haftet, von Leseproben und von der Premierenaufregung. Vor allem aber von den Fragen, wie man eigentlich, gemeinsam, in einem Raum Zeit verbringend, sprechend, probend: eine Bühnenwelt kreiert. Wie erzählt werden will. Wer da erzählt. Und wie es dazu kommt. Es geht um gemeinsame Prozesse und die Frage, wie in ihnen gesprochen wird.

Es geht auch hier darum hinzuhören, welche Geschichte in dieser Sprache mitklingt. Welchen Mechanismen und gängigen Praktiken, die sich als selbstverständlich eingebürgert haben, nachzuhören sind. Auch in der Regie-Sprache klingt die »soziale Reproduktion« mit. Um welches Sprechen handelt es sich, wenn wir über Regie nachdenken? Welches Sprechen wünschen wir uns? Welches wird vielleicht zu selten gehört?

Eine wichtige Sprache, die hier also unterrichtet wird. Die mitgegeben wird.

Ich muss darüber nachdenken, während ich sitze und dies hier schreibe. Und schreibend freue ich mich auf den Moment, wenn ich dann – also jetzt – dort – also hier – stehe – in Hamburg – als –

Regisseurin?

Autorin?

Dramatikerin?

Ich erinnere mich, dass mich diese Frage früher sehr lange beschäftigt hat. Ich erinnere mich an mein Studium, an Hamburg, an die Zeit, als ich und alle, die hier studiert haben, Regisseure werden sollten. Und wie schwer mir der Satz fiel: Ich bin Regisseurin. Nicht, weil ich es nicht war oder nicht sein wollte. Im Gegenteil. Doch der Satz fiel mir schwer, weil in ihm immer etwas fehlte. Viel fehlte.

Ich erinnere mich, wie ich lange Zeit selber das *und und und* nicht in seiner Fülle leben konnte. Die Gleichzeitigkeit aller Sprachen und Sprechpositionen, die ich in mir trage, schien mir nicht vereinbar. Während ich Regie in Hamburg studierte, schien es mir oft, dass ich mein Autorinnen-Ich irgendwo für eine Weile ablegen musste und ebenso weitere Ichs: Das Schweizer Ich in Hamburg und das kroatische auch. Häufig fehlte auch ein verletzliches, suchendes Ich, das ich lange mit der Regieposition nicht für vereinbar hielt. Es wurde von mir erwartet, Regisseurin zu sein, man wird es nicht, man tut es, Mann und mittlerweile auch Frau *ist* es, es gab dafür eine Art feststehendes Sprachbild. Und trotzdem fehlte etwas, weiterhin. Es fehlten mir alle anderen Sprachen, alle anderen Formen des Begehrens und Ausdrucksweisen, Arbeitsweisen, die ich auch noch in mir trage. Es fehlte mir ein Teil von mir. Mir fehlte vielleicht Interdisziplinarität als eigentliche Disziplin.

Einer meiner Kommilitonen hat sehr früh im Studium bei einem Kaffee im Vertrauen zu mir gesagt – da ich erst etwas später in die Regie-Klasse kam und etwas neuer an der Hochschule war als die anderen: Du musst einfach immer behaupten, dass du weißt, wer du bist. Dann kommst du hier ohne Probleme durch.

Wer bist du? oder: Wer willst du sein? – auf diese Fragen wird eigentlich eine Antwort erwartet. Susanne Howe stellt im Gegensatz zu der bekannten Frage die eher ungewöhnliche, unbekannte Frage: »Ich frage dich nicht, wer du nicht bist.«

Ist diese Frage einfach die Umkehr des Satzes »Ich frage (nicht), wer du bist«? Ich glaube nicht. Ich glaube, dieser Satz ist mehr und ist vieles und vor allem sucht er viele Antworten und nicht eine. In der doppelten Verneinung öffnet sich ein Raum, öffnet sich der Geschichtsraum, von dem Preciado spricht, der hinter allen Worten und feststehenden Sätzen lauert. Vielleicht schafft diese Frage es, dass die Geschichte, die im bekannten Satz feststeckt und nicht mehr gehört wird, wieder mehr klingt.

Ich muss einmal noch beginnen, anders beginnen:

Ich stehe heute hier als Dramatikerin und Regisseurin und Prosaautorin und Teammensch und Organisatorin und Leitungsmensch und Kämpferin und Versucherin und Sucherin und Denkerin und Macherin und Kollektivmitgliedin und dann doch gerne ab und zu allein –

unter anderem.

Ich stehe hier auch als Frau und Weiße und Migrantin und Vielsprachige und Mensch mit zwei Pässen und Schwester und Freundin und Liebhaberin und Sensible und Wütende und Zweifelnde und Ungeduldige und Sture und Perfektionistin und großartige Heulerin und Tochter und Patchworkfamilienteil und Diasporafamilienteil und potentielle Mutter und potentielle Nichtmutter und ehrgeizig und loyal und launisch –

unter anderem.

Ich stehe hier und bin all das und vieles mehr.

Bin *und und und.*

Nicht oder, nicht manchmal, nicht zwischen, nicht: jetzt dies, dann jenes.

Und ja, ich habe Zeit gebraucht, um das so klar formulieren zu können.

Und es begann mit dem Vermissen. Ich habe eine lange Zeit vieles vermisst, im Theater, im künstlerischen Arbeiten, auf der Probebühne, in Institutionen und außerhalb von ihnen:

Das Sprechen über Queerness, über die Tatsache, dass das Theater oft eine sehr heterosexuelle, weiße Art hat, auf vieles zu schauen und über das meiste zu sprechen, und dass dies geändert werden muss.

Das Sprechen über Rassismus.

Das Sprechen in vielen Sprachen.

Das Sprechen über Besetzungspolitik, über Quoten, über Darstellung, darüber, dass die meisten Schauspielstudentinnen damals morgens ins Fitnessstudio rannten und ich Nachmittage damit verbrachte, ihnen zu erklären, dass sie nicht zu dick sind, anstatt einfach zu proben. Dass ich eine der wenigen gleichaltrigen Frauen war, die mit ihnen studierte, aber nicht Schauspiel, sondern Regie. Damals.

Das Sprechen über den Betrieb als Möglichkeit. Nicht als Tatsache.

Das Sprechen über die Regieposition als solche.

Über Verletzlichkeit. Nicht nur über die Potenz.

Das Scheitern als Teil von allem. Als Möglichkeit.

Über Loyalität.

Über Weichheit.

Über einen anderen Regiebegriff als jenen des männlichen Genies.

Über irgendeinen anderen Regiebegriff überhaupt.

Überhaupt: über die Frage nach Regie.

Und das ist dann wieder die Frage nach dem Schreiben, nach dem Erzählen, nach der Position, die spricht oder schaut oder beides. Inszenieren ist kommunizieren. Ist die Übertragung der eigenen Gedanken in eine Sprache, die geteilt wird. Die bewegen soll, die etwas in Bewegung bringen soll. Inszenieren ist Schreiben. Schreiben ist benennen. Aufdecken. Aufzeigen. Sichtbar machen. Zu wissen, dass wir eine Stimme haben, die gehört wird.

Die Frage, wie wir diese Stimme einsetzen.

Wen wir sprechen lassen.

Wie viele.

Wie viele Sprachen sind hörbar auf Bühnen?

Was stellen wir wie dar?

Wie schauen wir?

Wie sprechen wir gemeinsam, anstatt für andere zu sprechen?

Das ist die Liste von dem, was ich häufig vermisste.

Diese Liste ist noch lange unvollständig.

Ich erstellte sie nach und nach. Es ist eine Liste, die aus vielen Erfahrungen entstanden ist, das Vermissen lässt sich fast fünfzehn Jahre später, fünfzehn Jahre im Theater tätig, klarer und schärfer formulieren. Und es ist heute zu einer Anleitung, einer Merkliste geworden, die ich bei mir trage, auf jeder Probe, an jedem Theater, in jedem Seminar, jedem Workshop.

Doch eines hatte ich am meisten vermisst. Und irgendwo auf dem Weg habe ich es gefunden und bin dem seit dann immer mehr nachgegangen, es half am meisten, gegen das Vermissen, gegen das Fehlen, für das *und*. Für das *dazu*. Es half, sich all diesen und vielen weiteren Fragen in der künstlerischen Arbeit klarer, ehrlicher und meist auch radikaler zu stellen:

die Komplizenschaft.

Wenn ich das *und und und* Prinzip leben möchte, wenn es ein Dazubürgern geben soll, von allen Sprachen und Möglichkeiten, wenn es mehr werden soll und nicht eindeutiger, dann geht das nur zusammen. Denn anstatt der Frage »Wer bist du?« gibt es noch diese andere, viel wichtigere Frage, jene nach Verbundenheit, nach Verbündeten, nach Gemeinschaft, nach Komplizenschaft: »Mit wem bist du?«, »Mit wem sprichst du?«, »Wem hörst du zu?«, »Mit wem streitest du?«, »Mit wem sehnst du?«

Und auch das hat damals hier in Hamburg begonnen.

Es hatte auch in Gießen begonnen. Und ebenso in Graz.

Ich begann hervorragende Kompliz:innen unterwegs zu finden. Wir stritten furchtbar viel und waren natürlich dauernd anderer Meinung, aber ich würde sagen: zum Glück.

Und wenn eine:r von uns scheiterte, wenn der Druck von außen zu groß wurde oder wenn wir zweifelten, dann waren es die anderen, die einem, leise oder laut, jede und jeder auf seine und ihre Weise, zu verstehen gaben:

Hier gibt niemand auf.

Wir bleiben dran.

Wir bleiben zusammen auf diesem Weg.

Und es ist etwas, was ich nicht mehr vermissen will.

Es ist etwas, was für die gesamte beschriebene Suche das Wichtigste ist.

Ich will überhaupt nicht mehr vermissen. Ich will nicht mehr Teile ablegen, Teile negieren, Sprachen nicht sprechen. Sondern ganzheitlich denken und arbeiten, schreiben und inszenieren. Zusammen.

Ich möchte dieses Erinnern, Verlangsamen und doch auch Verdichten, diesen Weg, das Viele gleichzeitig, gemeinsam zu denken, mit einem Zitat beenden oder beginnen:

> Wenn ich nicht alles, was mich ausmacht, in das, was ich mache, miteinbringe, erschaffe ich gar nichts, zumindest nichts von bleibendem Wert,

sagt Audre Lorde.

Und ich würde gerne sagen: Wenn wir nicht alles, was uns ausmacht, in das, was wir gemeinsam machen, miteinbringen, erschaffen wir gar nichts, zumindest nichts von bleibendem Wert.

MIT DEM TOD WACHT DIE SPRACHE AUF

Eine Großmutter-Poetik

There are so many other things
she must do in her lifetime first –
Sandra Cisneros

Kürzlich ist meine Großmutter gestorben. Sie war so alt, dass es sicher eine Weile dauern wird, bis sich ihre Seele gänzlich von dieser Welt ablöst. Davon bin ich überzeugt. Solange ich sie noch hier spüre, möchte ich schreiben.

Ein paar Tage nach ihrem Tod habe ich, als Vorbereitung zu einer Literaturveranstaltung, wieder einmal »Ein Zimmer für sich allein« von Virginia Woolf gelesen. Dabei fiel mir zum ersten Mal auf, dass diese beiden Frauen Zeitgenossinnen waren. Ihre Überschneidung war zwar nicht sehr groß, dennoch, sie verbrachten fünfzehn Jahre gleichzeitig auf dieser Welt. Sie kannten dieselbe Welt. Als Virginia Woolf ihren bekannten Essay zur Frage nach Frauen und Literatur 1929 veröffentlichte – und darin vor allem mit strukturellen Ungleichheiten argumentierte und mit der Forderung, dass jede schreibende Frau ein eigenes Zimmer und ein Gehalt brauche –, war meine Großmutter fünf Jahre alt und dabei, eine Frau in dieser Welt zu werden. Schließlich hat sie fast einhundert Jahre hier verbracht. Siebenundneunzig Jahre, um genau zu sein, von Tag zu Tag, von Stunde zu Stunde. Ein Wissen, fast unübertrefflich. Eine Erfahrung, unzählbar.

Doch was bleibt davon, frage ich mich, als ich nach ihrer Beerdigung auf einer Insel im Norden von Kroatien am Meer entlangspaziere. Es ist früher Herbst, die Sonne scheint und wärmt noch immer. Die Bura weht.

Was wird bleiben, frage ich mich, außer Anekdoten, ein jährlicher Besuch am Friedhof, ein bisschen Schmuck, Erinnerungen, die verblassen. Einhundert Jahre fast. Was bleibt von einer Großmutter, die sehr wenig erzählt hat?

Als ich meine Großmutter kennenlernte, war sie schon alt und saß den größten Teil vom Tag in Schaukel- und anderen Stühlen. Sie kochte einmal am Tag. Sie schaute die Nachrichten. Filme begann sie erst sehr spät zu schauen, als sie schon nicht mehr saß, sondern lag. Davor empfand sie diese als Zeitverschwendung, glaube ich. Alle Unterhaltung schien überflüssig. Meine Großmutter zählte die Zeit und ließ sie vergehen. Meine Großmutter betete, je weniger sie tun konnte, umso mehr betete sie. Meine Großmutter wurde sehr alt. Doch meine Großmutter erzählte kaum.

Ehrlich gesagt: Beide meiner Großmütter haben kaum erzählt. Sie waren im Grund sehr unterschiedliche Menschen. Doch sie hatten Gemeinsamkeiten: Beide hatten sie in ihren Leben, vor allem in ihren Berufsjahren, viel zu tun. Volle Tage in einem vollen Leben. Sie waren beide berufstätig, hatten studiert, waren Mütter, Großmütter und noch vieles mehr. Doch beim Erzählen ließen sie anderen den Vortritt.

Wenn ich »Ein Zimmer für sich allein« lese, bleibe ich vor allem dort stehen, lese dort wieder und wieder, wo

Virginia Woolf sich auf die Suche nach Informationen, nach Dokumenten über Frauen im 16. Jahrhundert macht:

> Was man sich wünscht, dachte ich – und warum könnte eine herausragende Studentin an Newnham oder Girton sie nicht zur Verfügung stellen? –, ist eine große Menge an Informationen: In welchem Alter heiratete sie; wie viele Kinder hatte sie in der Regel; wie sah ihr Haus aus, hatte sie ein Zimmer für sich; war sie es, die kochte; war es denkbar, dass sie ein Dienstmädchen hatte? Das Leben der durchschnittlichen elisabethanischen Frau muss irgendwo verstreut sein, könnte man es nur einsammeln und ein Buch daraus machen!

Auf den ersten Blick scheint es: Viel hat sich daran noch nicht geändert. Das Leben der durchschnittlichen Frau liegt meist noch verstreut, wenig dokumentiert – zumindest vor den sozialen Medien; zumindest in der Generation meiner Großmütter. Das Leben der Frau im 20. Jahrhundert liegt verstreut, außer sie ist berühmt oder krank geworden, dann gibt es Veröffentlichungen oder Akten.

Das zusammengetragene Wissen in diesem Text kommt fast gänzlich aus mündlicher Überlieferung. Einer Überlieferung, die ich zunächst nicht fiktionalisieren, sondern dokumentieren möchte. Dokumentieren möchte ich das eigene Wissen, das zählt; ein Wissen, das sich durch Erfahrungen und Erzählungen, fragmentarisch, über die Jahre angesammelt hat und manchmal als unwichtig, als randständig betrachtet wird. Nie hatte ich einen kontinuierlichen Alltag mit meinen Großmüttern geteilt. Seit ich vier Jahre alt war, lebten wir auf zwei Länder verteilt, sie in Kroatien und ich in der Schweiz. Unsere tatsächlich gemeinsam verbrachte Zeit an einem Ort kann auf ein paar Wochen pro Jahr beschränkt werden, meist Ferienzeit. Ihre Stimmen wiederum kenne ich am besten, da das Telefongespräch unser wöchentlicher Begleiter war.

Ich versuche also das festzuhalten, was ich weiß:

Ich weiß, in welchem Alter sie geheiratet haben (23, 28, 28).

Ich weiß, wie viele Kinder sie haben (je zwei).

Ich kenne ihre Haare (kurz, gefärbt, Dauerwelle), ihre Nägel (die einen lackiert, die anderen unlackiert, beide stets fein manikürt), ihre Körperlichkeit (beide eher klein, sonst komplett unterschiedlich).

Ich weiß noch genau, wie sie rochen (die eine nach Meer und Bratöl, die andere nach Nagellack, Puderzucker und Parfüm; beide sehr gut).

Ich weiß, wie ihr Zuhause aussah:

Das eine eher großbürgerlich, mit hohen Decken, weiten Räumen, früher eine Bedienstete und ein Haus auf einer Insel mit Blick aufs Meer;

das andere eine bescheidene 3-Zimmer-Wohnung in einem Plattenbau in der Vorstadt von Zagreb.

Ich weiß auch, dass beide, auch wenn sie sich als Erwachsene in unterschiedlichen sozialen Schichten bewegten, auch wenn sie beide berufstätig waren, kein Zimmer im Sinne eines Arbeitszimmers für sich hatten.

Und ich werde versuchen auch das aufzuschreiben, was ich nicht wirklich weiß. Aber was ich erahnen und was ich, im Zusammenhang mit anderen weiblichen Biografien dieser Zeit, herauslesen kann.

> Es wäre kühner, als ich es zu sein wage, dachte ich und suchte in den Regalen nach Büchern, die es nicht gab, wenn ich den Studentinnen jener berühmten Colleges vorschlagen würde, die Geschichte umzuschreiben, obwohl ich zugeben muss, dass es oft ein wenig seltsam anmutet, unwirklich, einseitig; aber warum sollen sie der Geschichte keine Ergänzung hinzufügen?

fragt Virginia Woolf.

Und ich beginne von vorne, ich beginne aufzuschreiben.

1941, als Virginia Woolf starb, war meine Insel-Großmutter eine Teenagerin, die auf einer kroatischen Insel unter italienischer Besatzung ins Mädchengymnasium ging. Meine Großmutter kommt aus einer steinigen und steilen Inselstadt mit dem Namen Vrbnik, wo die Bura stark und offen weht und der Blick aufs Meer weit und rau ist. Sie wird als jüngstes von vier Kindern geboren. Der Vater reist zwei Mal aus ökonomischen Gründen in die USA, nach Chicago, und arbeitet am Bau. So ist die Lücke zwischen den älteren beiden Kindern und den jüngeren zweien groß. Andere auf der Insel haben sieben bis acht Kinder.

Die Schwester, das älteste Kind, heiratet und kriegt vier Kinder. Der ältere Bruder übernimmt das Haus und die Landwirtschaft. Der jüngere Bruder wird Mönch wie in den meisten Insel-Familien. Er führt die religiöse Tradition fort und sichert somit seine Bildung und seinen Lebensunterhalt. Und die Großmutter bekommt eine gute Ausbildung.

Hier wiederum könnte und darf man stolpern.

Vielleicht sogar fragen: Warum?

Doch schon hier fehlt, beim Nachfragen in der Familie, eine konkrete Antwort.

Gute Frage, antworten sie.

In Krk, der Hauptstadt, die nach der Insel selbst benannt ist, wird 1920 ein Gymnasium eröffnet. 1920 gehört Krk zum Königreich der Serben, Kroaten und Slowenen. Das Gymnasium wird später ein Internat, in dem die Großmutter zu Anfang des Zweiten Weltkrieges auch wohnt.

Am 18. Mai 1941 beginnt die zweite italienische Okkupation. Die Insel Krk wird »italisiert«. Das geschieht vor allem über das Schulsystem. Italienisch wird zur Hauptsprache ernannt. Nur der Religionsunterricht darf noch auf Kroatisch erfolgen. Sogar außerhalb der Schule, beim Spielen, soll Italienisch gesprochen werden, sonst werden die Schüler und Schülerinnen bestraft.

Und die Großmutter?

Die Großmutter erzählte ab und zu von dieser Zeit, in Bruchstücken, kleinen Teilen. Ich erinnere mich, dass sie sagte, es sei teilweise schwer gewesen, zur Schule zu kommen. Die Schule war auch oft geschlossen gewesen. Sie erzählte immer wieder davon, wie sie in den Wiesen, den Feldern, unter den unzähligen Olivenbäumen der Insel für das Abitur lernte, trotz Krieg, trotz Mangel, trotz anderer Sorgen. Es soll aufgrund des Krieges auch einen Zeitsprung im Bildungsweg gegeben haben, der Stoff der letzten zwei Jahre des Gymnasiums wurde in einem gemacht. In einem Notzustand herrscht Eile. Man weiß nicht, was danach kommt. Der Schulabschluss jedoch war der Großmutter mindestens genauso heilig wie der tägliche Rosenkranz. Das erzählte sie, gern und stolz und auch schön. Wahrscheinlich viel schöner, als es tatsächlich gewesen war.

Diese Jahre waren erzählbar – wie sie ihren Bruder, den Mönch, vermisste, der weit weg von Zuhause das Seminar besuchte und nur ab und zu mit dem Schiff zu Besuch kam; wie sie stets Ausschau hielt nach diesem Schiff, mit dem er nach Hause kam; wie sie lernte und weiter zur Schule ging; wie sie ihr Abitur erlangte. Etwas an diesen Jahren ist trotz Krieg in der Erzählung unbeschwerter als andere Jahre in ihrem Leben. Der Krieg traf alle Menschen, war nicht persönlich, war vielleicht nicht schambehaftet, war eine Ebene, die alle verstanden, kannten und die somit erlaubte, erzählt zu werden. Die sie eigentlich gut überstand. Vielleicht.

1943 kapituliert Italien, und die Insel fällt unter die deutsche Okkupation, vor allem aber entwickelt sich auf der Insel eine starke Befreiungsbewegung der Partisanen, zu denen auch mein zukünftiger Großvater gehören wird, den die Großmutter zu dem Zeitpunkt noch nicht kennt.

Die kroatische Sprache kehrt in die Schulen zurück.

> Da es einen großen Mangel an fachlich ausgebildeten Lehrkräften gab, die die Last übernehmen konnten, so vielen die Muttersprache beizubringen, werden Kurse für Lehrer und Lehrerinnen organisiert, die das nötige Wissen vermitteln, so dass sie zumindest ein wenig die Probleme im Schulsystem lindern und die Sprache als Basis des nationalen Körpers weitergeben können.

Meine Großmutter wird Lehrerin. Mathematiklehrerin.

Die Zweisprachigkeit, das Italienische, begleitet sie aber ihr Leben lang. Wie gut sie es können musste, wie genau sie es konnte wusste ich lange gar nicht. Das Italienische gehört zur Geschichte dieser kroatischen Region, ist in sie hineingeschrieben und hineingesprochen und spricht immer noch mit, im *pomidor* und auch in der *padela*. Es gehört zum Zweiten Weltkrieg, zu einem der Kriege, die das Kroatische verbannt haben. Das Italienische wird nur bedingt als Ressource angesehen, es gibt keine positiv besetzte Referenz wie heutzutage, wo jede:r zweisprachig sein sollte; wo die richtige Zwei- oder Mehrsprachigkeit unterrichtet wird und Türen öffnen kann. Großmutters Italienisch ist ein Schatten, ein Echo alter Zeiten, in dem immer der Satz mitklingt: »Weißt du noch, als wir nicht Kroatisch sprechen durften ...«

Großmutter lindert die sprachlichen Probleme und andere Konflikte dieses sogenannten nationalen Schulsystems, das nach dem Zweiten Weltkrieg nun als jugoslawisches Schulsystem wieder einem anderen Regime, einer anderen geografischen und sprachlichen Anordnung zugehörig ist – nicht. Sie wendet sich, klug, wie sie ist, der Logik zu.

Meine Großmutter stirbt am Alter. An der Zeit. Eine andere Diagnose kann der Arzt nicht machen. Alles wird im letzten Jahr ihres Lebens stets weniger. Auch die Sprache. Auch das Sprechen. Bei einem meiner letzten Besuche bei ihr beginnt sie, nach langer Stille, in der wir zusammen sind, sie liegend und ich sitzend, sie oft schlafend, ich wachend, ihre Hand haltend, plötzlich einen Satz zu formulieren:

»Ich wünsche mir …«, beginnt sie fein zu sagen und ich lausche, leicht aufgeregt, denn es ist nicht nur das Sprechen, das unerwartet ist, sondern auch ein besonderer und wunderschöner Satzanfang.

»… Kroatisch zu sprechen«, fährt sie fort und beendet zugleich schon den Sprechakt. Den Satz sagt sie, wie alle Sätze, natürlich auf Kroatisch.

Ich schaue sie an. Sie lächelt mit den Augen, fordernd.

Ich stelle eine Frage, versuche leicht nachzuhaken und lasse dann los. Ihre Kraft reicht nicht für eine genauere Ausführung. Aber vielleicht auch nicht ihr Wille. Vielleicht will sie diesen Wunsch nicht genauer erläutern.

Ob er mit dem Sprechen an sich zu tun hat, das sie vermisst? Oder doch mit der Vergangenheit? Oder mit etwas ganz anderem?

An einem Abend, kurz nach ihrer Beerdigung, frage ich meinen Vater, ihren Sohn, ob er wisse, wo die Großmutter studiert habe. Denn ich merke: Ich weiß es nicht. Ohne nachzudenken, schnell, antwortet er: In Zagreb. Zagreb?, frage ich verwundert, denn ich hatte die Großmutter nicht in der Hauptstadt erwartet. Hier hatte sie also auch gelebt, denke ich, an diesem Abend genau in dieser Stadt bei einem Glas Wein sitzend; denke an die Großmutter, die nie viel über Städte gesprochen hat. Warum Zagreb?, frage ich nach, doch diese Frage kann leider nicht beantwortet werden.

Vom Großvater wiederum gibt es ein Studienbuch. Mit Schwarz-Weiß-Porträt und Studienjahren und Studienort.

Ein Dokument.

Ein Dokument wie so viele in seiner und weiteren männlichen Biografien: Wie es Dokumente zu Positionen im Krieg gibt, zu beruflichen Positionen, zu Reisen und weiteren wichtigen Ereignissen, die das Leben prägen. Es sind Dokumente, die Ereignisse geltend machen, die zählen, die das Leben in Wichtigkeiten erzählen.

Von der Großmutter wenig Dokumente. Was es von ihr gibt: Splitter, Sätze, Schmuck. Kaum Geschichten. Kaum Festgeschriebenes. Und ja, das macht einen Unterschied. Nicht nur bei meiner Großmutter, sondern insgesamt. Das, was sie zu sagen hatte, hat sie anders weitergegeben. Sie hat überhaupt etwas anderes mitgegeben; etwas, das sich verändern kann. Etwas, das nicht so leicht wie ein Studienbuch gefunden werden kann. Das anders gesucht werden muss.

Bin ich meinen zwei Großmüttern auf Recherche, auf Suche nach Spuren nachgereist wie vor einigen Jahren, intensiv, fast obsessiv, dem Großvater – um seine verschwiegenen und verschwundenen Spuren aus dem Zweiten Weltkrieg zu finden? Ich befragte damals Zeugen, Zeitgenossen, las Bücher, um ihm auf die Spur zu kommen – und auch wenn er nicht viel über seine Erlebnisse erzählt hatte, so war er Teil von Ereignissen gewesen, die festgeschrieben sind. Die als wichtig gelten. Kontrovers, ja, nicht immer gleich ausgearbeitet, natürlich. Aber historisch verankert und mit zählender Größe. So konnte ich losgehen und ihn suchen, dort, wo ich dachte, dass er gewesen sei.

Den Großmüttern bin ich nicht hinterhergereist. Wohin denn. Ich bin stets zu ihnen gereist. Sie waren da. Für uns. Für ihre Kinder. Für die Ehemänner. So oft werden die Geschichten von denen, die reisen, die sich bewegen, die in die Ferne ziehen und zurückkehren, als aufregende Geschichten erzählt. Selten werden jene von denen, die ruhig dableiben, als ebenso aufregend betrachtet. Jene, die den Ort, an dem sie sich bewegen, ganz genau und bis ins Detail kennen. Die über jede Ecke berichten könnten. Die darin sehr viel erleben und erfahren.

Die Großmutter war vor allem da. An einem Ort. Unter dem Dekret des Sozialismus wurde sie nach dem Krieg als junge Lehrerin von Ort zu Ort geschickt. Durch die Heirat konnte dieses unbestimmte Reisen beendet werden. Ihre Wohnung an der Küste bewohnte sie schließlich fast sechzig Jahre am Stück. Siebenunddreißig davon als Witwe.

Den Großteil ihres Lebens widmete sie der Pflege ihres kranken Sohnes. Ihr Raum war die Küche, nicht nur für die tägliche Küchenarbeit, sondern als Herz, als Zentrum, aus dem heraus sie den Überblick behielt. Als Gravitationspunkt für uns alle. Wir wussten immer, wo sie war. Ihre Arbeit waren tiefste Fürsorge und Pflege. 24-stündiges Kümmern. Die Ablösung, die Ruhe kam erst, als die Rollen gedreht wurden und sie gepflegt werden musste. Zwischen Pflegen und Gepflegtwerden gab es kaum eine Pause. Keine andere Art der Zeit. Keine andere Art der Arbeit oder nicht Arbeit.

Die Küche war ihr Arbeitsraum. Ich kann ihn nun aufsuchen, darin suchen und Spuren finden, die in keinem Geschichtsbuch festgehalten werden. Die kaum weitererzählt werden. Eine Lebenszeit, in der vom Morgen bis zum Abend eine Pflegearbeit geleistet wurde, verschwindet.

Meine Lebenszeit, meine zeitliche Überschneidung mit meinen beiden Großmüttern war unterschiedlich. Mit der Insel-Großmutter teilte ich insgesamt fünfunddreißig Jahre, eine lange Lebensspanne für die durchschnittliche Enkelkinder-Großeltern-Überschneidung. Viel Zeit, um Erfahrungen und Erzählungen auszutauschen. Doch die Großmutter begann erst vor einigen Jahren wirklich zu erzählen. Wirklich zu teilen. Ich bin froh darum und frage mich oft, was passiert wäre, hätten wir diese letzten Jahre nicht gehabt.

Mit meiner anderen Großmutter, der Stadt-Großmutter, verbanden mich zweiundzwanzig Jahre.

Die Stadt-Großmutter wurde 1927 in Zagreb geboren.

Diese Großmutter war eine herrlich hergerichtete Dame in hochhackigen Schuhen, mit Dauerwelle, frischlackierten Nägeln, zuhause immer mit Lockenwicklern und in einen seidenen Schlafrock gehüllt, wie sie, die im österreich-ungarisch geprägten Zagreb aufgewachsen war, diesen auch wirklich nannte: Schlafrock. Also auch hier eine Zweisprachigkeit. Deutsch und Kroatisch.

Ähnlich besetzt im Nachhinein wie das Italienisch der anderen Großmutter. Auch wenn die Sprache weiterhin durchsetzt ist von deutschen Begriffen, halb Zagreb versteht eigentlich Deutsch; die Großmutter und ihr Zwillingsbruder hatten eine deutschsprachige Gouvernante, es gehörte zum guten Ton in der bürgerlichen Schicht, dass die Kinder Deutsch sprachen. Bis zum Ende des Zweiten Weltkriegs.

Sich schön machen stand an erster Stelle, ebenso oder vor allem: nicht viel darüber sprechen. Ihre Schönheit war Standard, nicht Eitelkeit. Ihre Schönheit war Klarheit und auch Haltung. Nicht für andere. Für sich. Ihre Schönheit war aber auch und vor allem: Stil. Eine Ästhetik, die sich auskannte und die trotz eines eher kleinen Gehalts aus italienischen Stoffen Wunder zaubern konnte. Ihre Schönheit war vor allem gekonntes Handwerk: Nähen, Stricken und Schneidern wurden gepflegt und immer mehr verfeinert.

Ihre Haltung war Stil, der standhielt, ob sie nun mit dem Großvater und den zwei Töchtern auf knapp dreißig Quadratmetern wohnte oder später im Plattenbau: die hochhackigen Schuhe wurden (fast) bis zum Schluss getragen.

Großmutter hatte während ihres Berufslebens kein eigenes Zimmer. Der Großvater und die Großmutter lebten ein bescheidenes Leben, fast etwas wie Boheme, mit Künstler:innen befreundet, mit Festanstellungen, die kein großes Gehalt brachten. Das gutbürgerliche Leben ging der Großmutter durch den Zweiten Weltkrieg verloren. Die Großeltern bewohnten mit ihren zwei Töchtern eine 3-Zimmer-Wohnung am Rand der Stadt. Die sechzig Quadratmeter, immerhin doppelt so viele wie in der ersten Wohnung, wurden mit größter Sorgfalt und Stil eingerichtet, so dass man sich willkommen fühlte in einem Zuhause mit Klavier, Kunst an der Wand, schönem Gewand und guten Tellern. Der Großvater hatte ein eigenes Zimmer, dort stand sein Arbeitstisch. Doch auch die Großmutter richtete sich ein, wenn auch ohne ein eigenes Arbeitszimmer. Im Wohnzimmer stand ihr Klavier. Abends, vor dem Fernseher, saß sie mit Stricknadeln und fertigte komplizierte Muster mit großer Leichtigkeit. Ebenso entstanden an ihrer Strickmaschine die schönsten Pullover für uns Kinder, nach Mustern, die der Großvater, von Beruf Grafiker, fertigte. Diese Strickmaschine stand, so erinnere ich mich gut, im ehemaligen Zimmer ihrer beiden Töchter, das später, als wir Enkelkinder schon da waren und die Großmutter pensioniert war, dann doch zur ihrem Zimmer wurde.

Was Großmutter auch noch tat:

Großmutter fuhr das Auto (der Großvater nicht), wechselte Glühbirnen (auch das tat er nicht) und drängelte sich in Schlangen charmant und immer erfolgreich vor. Sie war diejenige, die mit Anfang zwanzig, mitten in den fünfziger Jahren, ihren ersten Ehemann verließ und sich scheiden ließ. Mit einem Kind.

Früh sagte sie zu mir: Du darfst niemals den ersten Mann heiraten, in den du dich verliebst.

Sie wurde Leiterin von Schulchören. Der zweite Satz, den ich von ihr lernte: Es gibt keinen zweiten Platz, nur den ersten. Den sie meist gewann. Sie nahm mit ihren Kinderchören im wettkämpferischen Jugoslawien an allen Kinderchorwettbewerben teil und teilte sich, in Konkurrenz mit einem anderen Chorleiter, jeweils die ersten beiden Plätze.

Diese Großmutter hatte am Ende ihres Lebens zwei Kriege hinter sich, zwei Jahrhunderte, zwei Ehen, hatte zwei Töchter und zwei Enkelinnen. Für all das hatte Großmutter keine Worte. Sie lebte einfach so.

Worte dafür lernte ich später. Keines kam an diese Großmutter heran.

So war es auch mit dem Tod.
Oder vielleicht besser gesagt: mit dem Sterben.
Ein Gespräch darüber gab es nicht.

Meine Zagreber Stadt-Großmutter starb im Schlaf.

So sagt man das.

Die Großmutter starb an Herzversagen, ihr Herz ließ nach, stetig, klar, es war absehbar. An etwas anderem hätte meine Großmutter nicht sterben können.

Das wurde mir aber erst später bewusst.

Den Tag vor ihrem Tod verbrachte sie mit ihren zwei Enkelinnen, eine davon ich, und beide waren wir Mitte zwanzig damals, mitten im Studium, beide verliebt, beide gut gelaunt, zwei Cousinen. Und trotzdem lebten und leben wir zwei ganz unterschiedliche Leben, auf Wegen, die sich nur selten kreuzen. Dabei war seit immer schon ein wichtiger Verbindungsort die Großmutter gewesen, immer schon war sie der Mensch, der unsere Begegnung stets mit Nähe auffüllte, mit Verwurzelung, mit der Erinnerung an eine geteilte Kindheit, an gemeinsame Rituale. Das brachte uns immer wieder zusammen. Und tut es auch weiterhin.

So war es auch an jenem Tag bevor meine Großmutter starb, was wir natürlich nicht wissen konnten, auch wenn am Ende des Nachmittags meine Cousine einen ahnenden Satz sagen würde.

Der Tag bevor meine Großmutter starb, war ein wilder, wunderbar sonniger Herbsttag und wir zogen uns schön an, was man für die Großmutter immer tat. Wir trafen uns, wahrscheinlich nach dem Mittagessen, und fuhren mit der Tram zum Altersheim, in dem unsere Großmutter seit einigen Jahren schon wohnte. Wie fast alles in ihrem Leben hatte die Großmutter auch den Schritt ins kleine Altersheimzimmer selber entschieden, ein paar Jahre nach dem Tod unseres Großvaters hatte sie der Einsamkeit genug, auch wenn sie körperlich und überhaupt noch ganz agil und selbstständig war – wie man das auch so sagt, wie man so vieles über die Alten sagt und ihre Leben und ihre Möglichkeiten –, so entschied die Großmutter, dass sie nicht mehr den ganzen Tag allein in einer Wohnung verbringen wolle und lieber in ein Heim ziehe, obwohl ihre Skepsis Menschen gegenüber häufig ihre Geselligkeit überwog und das Bewusstsein ihrer Klugheit wie auch ihrer Manieren und ihres Stils sie nicht selten arrogant wirken ließ; dennoch vermisste sie die Menschen, vermisste es, mit anderen am Mittagstisch zu sitzen, anstatt ständig allein durch die leere Wohnung zu gehen, von der Küche ins Bad und vom Bad ins Wohnzimmer, allein abends das Licht zu löschen, kein Gute Nacht, die Lücke bestimmt spürbar, wo der Großvater gewesen war. Ich selber spürte ihn noch in der Wohnung, Jahre nach seinem Tod, erinnerte seine Rituale und Wege, hier saß er am Vormittag in der Küche und dort ruhte er sich nachmittags im Wohnzimmer aus; hier lag sein Kreuzworträtsel und dort seine Brille. Sie waren ein leises Paar gewesen, tief verwurzelt miteinander, klar in ihren Wegen und Abläufen, stetig. Stur auch, streng, sehr streng.

An diesem letzten Nachmittag bevor die Großmutter starb, ereigneten sich zwei Momente, die sich ebenso wie der Satz über das Heiraten fest einprägten. Wir besuchten sie zunächst in ihrem kleinen Zimmer, das uns doch ganz bekannt und wohl war, da es mit ihren Möbeln und Bildern eingerichtet wurde. Ich erinnere, dass wir viel erzählten, die Cousine und ich, und ich weiß auch, dass mir die Großmutter, die ich ein paar Monate nicht gesehen hatte, doch etwas müde und klein vorkam. Sie war aber wie immer ganz fein hergerichtet, hatte ihre Nägel lackiert, die Lippen geschminkt, die Augen, trug einen der selbstgestrickten Pullover und wie immer eine große Kette. Ich liebte ihren Geruch, der sich aus mehreren Kosmetikartikeln zusammenfügte und sie stets elegant umgab. An irgendeinem Punkt im Gespräch begannen meine Cousine und ich wohl über unser Alter zu jammern, wir hatten das Gefühl, alt zu werden, alt zu sein, nicht mehr jung, wie es schien, und die Großmutter lächelte und unterbrach uns sanft.

Und dann erzählte sie.

Sie erzählte von ihrem dreißigsten Geburtstag, der meiner Cousine und mir damals trotz allem Jammer noch sehr weit weg schien, und wie sie unendlich geweint hatte. Mit dreißig Jahren war die Großmutter schon von einem Mann geschieden, hatte einen zweiten geheiratet und noch eine Tochter bekommen, wollte Pianistin werden, doch ein Zittern in der Hand ließ es nicht zu, so wurde sie Musiklehrerin und eine der erfolgreichsten Leiterinnen von Kinderchören.

Und sie lebte mit dem Großvater und den Kindern in einer Ein-Zimmer-Wohnung, wo tagein, tagaus Freunde und Bekannte einkehrten, es wurde gekocht, geraucht, getanzt, die Kinder schliefen zwischen den Erwachsenen ein. Sie sei glücklich gewesen. Doch sie weinte, wie sie erzählte, so sehr und von Herzen, weil sie ebenso und trotzdem Angst vor dem Altwerden hatte, weil ihr schien, dass mit dieser Zahl dreißig etwas verloren ging von Jugend und vom Jungsein und überhaupt. Und dann habe sie sich zusammengenommen, die dreißigjährige Großmutter, erzählte uns nun die alte Großmutter, und sich gesagt, damals, dass sie jetzt noch einmal richtig weinen werde und dann nie wieder. Nie wieder würde sie ihr Alter oder das Altern beweinen. Und so tat sie es auch nicht mehr, genauso wie sie alles, was sie beschloss, nicht mehr zu tun, nicht tat. Einmal darf man und dann ist vorbei, sagte die alte Frau vor uns, über fünfzig Jahre nach ihrem dreißigsten Geburtstag. Und wir saßen eine Weile still zusammen.

Die Großmutter sagt in diese Stille, leicht und leichter, als es ihr wohl zumute war: Lasst uns einen Kaffee trinken gehen! Und wir machten uns auf den Weg ins dunkelbraune Altersheim-Café im ersten Stock, das gar nicht zur Großmutter passte.

Wir bestellten Kaffee und waren wieder leichter, gegenwärtiger, ich erzählte der Großmutter von meiner geplanten Diplominszenierung und meine Cousine berichtete von ihren Brüdern, den Cousins, vom Studium, ihrem Freund und ich von meinem, die Großmutter war wieder ganz Großmutter, hörte zu, trank ihren Kaffee. Länger schon stand während des Gesprächs ein eleganter älterer Herr, auch Bewohner des Altersheims, an der Bar, trank einen Espresso und schien uns zuzuhören. Wir störten uns nicht daran, es gab keinen Grund. In einer kleinen Gesprächspause wandte er sich schließlich an die Großmutter, indem er ihren Vornamen sagte. Er schaute sie an und fragte fein und klar: Đurđa, wollen wir morgen tanzen gehen?

Meine Großmutter wurde leicht rot, doch bewahrte gekonnt Contenance; sie blieb cool, könnte man sagen, sie beherrschte das Spiel des Kokettierens und wusste auch um ihre Rolle darin: nie mehr würde sie mit einem Herren tanzen gehen; doch es war schön, gefragt zu werden, und sie genoss es. Und der Herr fügte hinzu, sehr höflich: Ich würde so gern mit dir tanzen gehen. Morgen, was sagst du, Đurđa?

Als wir unsere Großmutter an diesem Nachmittag verabschiedeten und langsam zur Tramstation liefen, es war immer noch sonnig und ich weiß, dass wir uns sehr viel Zeit nahmen, sagte meine Cousine auf einmal zu mir: Weißt du, Ivna, sie kann jetzt jederzeit sterben. Vielleicht in ein paar Monaten. Vielleicht auch morgen.

Und ich sagte: Ich weiß.

Und so liefen wir weiter, fuhren zusammen stadteinwärts, verabschiedeten uns und tauchten wieder in unsere zwei Leben ein. Am nächsten Morgen, sehr früh, klingelte mein Telefon und meine Tante rief an, um mir zu sagen, dass die Großmutter in der Nacht gestorben sei.

Ich machte einen langen Spaziergang mit mir selbst, mit mir und meiner Großmutter und war dankbar. Ich, die ich zusammengerechnet kaum ein paar Monate in derselben Stadt wie die Großmutter verbracht hatte – Herbstferien, Sommerferien, Weihnachten, das ist alles zusammen nicht viel –, ich durfte hier sein, als sie starb. Ich durfte in der Nähe sein. Ich durfte mit ihr einen Kaffee trinken und über das Weinen und das Altwerden sprechen. Und ich freute mich, laut und allein freute ich mich an diesem Herbsttag, dass die Großmutter an diesem letzten Tag in ihrem Leben noch zu einem Tanz aufgefordert wurde, morgen, hatte der schöne alte Mann gesagt, morgen möchte ich mit dir tanzen gehen –

Es gab immer einen Plan, eine Einladung vom Leben. Das gab mir eine Ruhe, dass ihre Entscheidung klar gefallen war. Für sie. Für sich. Jetzt zu gehen.

Zur Beerdigung der Großmutter ließen die Cousine und ich einen Blumenstrauß binden, einen riesigen, in Gelb und Orange, mit Blumen, deren Namen wir nicht kennen, weil wir überhaupt keine Blumennamen kennen, nur die Lieblingsfarben der Großmutter, in denen wir den Strauß binden ließen, kennen wir und jeder sagte: Das sind aber keine Totenblumen, das sind keine Beerdigungsblumen, doch wir legten sie trotzdem auf den Sarg und zogen helle, schöne Röcke mit Strumpfhosen an, die Sonne schien und es war Herbst, und in den Sarg legten wir einen Lockenwickler hinein. Für die Großmutter.

In dem Land, in dem ich geboren wurde und fast nie gelebt habe, wird über das Sterben nur auf eine Art gesprochen: in Vergangenheitsform. Es wird im Nachhinein darüber berichtet. Es wird erzählt, wie jemand gestorben ist. Ähnlich dem Bericht, den ich nun geliefert habe. Einer Erzählung gleich, einer notwendigen Geschichte gleich.

Das Sprechen über das Sterben als Möglichkeitsform, als eine verhandelbare Zukunft, gar als Handlungsraum gibt es nicht. Das Sterben als eine in der eigenen Hand liegende Tatsache, die kommen wird und die auch formbar sein kann, dazu kenne ich kaum ein Gespräch.

Dabei würde ich behaupten, dass meine Großmutter nicht einfach so im Schlaf gestorben ist, wie man das so sagt. Und auch wenn medizinisch gesehen Herzversagen die Ursache war, so würde ich gerne, für den Verlauf dieses Textes, behaupten, dass der Zeitpunkt von ihr gewählt worden war. Eine Frau, die so vieles im Leben für sich entschieden hatte, die den Faden selten abgegeben oder gar aus den Augen gelassen hat, eine solche Frau stirbt nicht einfach. Eine gute Freundin hat kürzlich zu mir gesagt: Man stirbt so, wie man gelebt hat. Und ich nickte. Und ich dachte an meine Großmutter.

Und während ich das alles aufschreibe, denke ich an beide Großmütter.

Denke an das Meer im Herzen der ersten Großmutter, die Bura, die immer weht, und an die scharfen Felsen, von ebendiesem offenen Meer im starken Wind geformt.

Denke daran, wie dieses Meer die Seele umschließt, wenn man es als Zuhause kennt, als Alltag, als ersten Blick aus dem Fenster, nicht als Urlaub, nicht als Sehnsuchtsort; täglicher Bestimmer von Atmosphäre, von Luft, von Leben. Kein Badeort, sondern der Schlüssel zum Sein.

Denke an die Stadt im Herzen oder in den Händen der zweiten Großmutter, sie bewegt sich in der Geschichte der Familie mit dem Klang ihres Klaviers. Ihre rot lackierten Finger schlagen die Tasten an, während sie kocht, strickt, liebt, fährt, lebt. Ihre hochhackigen Schuhe auf Asphalt, nur die Zehen berühren den Boden, jahrelang etwas erhoben; der Fuß auf dem Gaspedal.

In dem Sommer vor ihrem Tod begann das Herz meiner Stadt-Großmutter schwächer zu werden. Nachdem meine Mutter, meine Tante und ein paar Ärzte sie doch wieder etwas stärken konnten, wurde sie ans Meer gefahren, in das Haus meiner Eltern, und langsam und vorsichtig gingen meine Mutter und sie all ihre täglichen Rituale durch: den Kaffee am Morgen auf einer schattigen Terrasse, den Spaziergang zum Markt, den Mittagsschlaf in der Mittagshitze und das Lesen danach, sogar ein paar Gänge zum Strand. Sie verbrachten ihre Zeit zusammen. Mein Vater war dort, mein Bruder kam ebenfalls, wie meistens, eine Woche im Sommer vorbei. Zurück in der Stadt gab es, wie jedes Wochenende, am Sonntag ein Mittagessen bei der zweiten Tochter, meiner Tante, und meine Cousine und Cousins versammelten sich am Tisch. Diese waren den Alltag mit der Großmutter seit der Kindheit gewohnt; die Großmutter und der Großvater hatten viele Nachmittage und Vormittage in der großen Stadtwohnung der Tante mit ihren drei Enkeln verbracht. Ihre Beziehung war eine wunderbar alltägliche.

In jenem Sommer fehlte ich zum ersten Mal auf der Insel und in der Stadt, ich hatte mich in Projekte verwickeln lassen, reiste herum, verpasste den Sommer mit der Familie; eigentlich kein Problem. Doch ich hörte in der Stimme meiner Mutter, am Telefon, immer wieder die Sorge um die Großmutter, und so buchte ich, sobald es ging, einen Flug und kam in die Stadt, um eine Woche den Herbst zu genießen, die Freundinnen und Freunde dort, dic Cousine und Cousins und schließlich und vor allem: um die Großmutter zu sehen.

Dies tat ich dann an diesem einen Nachmittag, gemeinsam mit der Cousine. Ich hatte noch weitere Besuche bei der Großmutter vor, doch ihr schien dieser Abschied gereicht zu haben. Und das werde ich für immer tief in meinem Herzen tragen. Es scheint mir manchmal, im Nachhinein, dass sie sich für jeden von uns noch einmal Zeit genommen hat. Für jeden und jede in der geeigneten Form. Bis sie alle nochmal gesehen und gehört hat. Alle, die sie wiedersehen konnte.

Dann konnte sie sterben.

Und sie tat es auch.

Ja, meine Großmutter und ich haben während ihres Lebens nicht über das Sterben gesprochen. Über den Tod ja, ab und zu, in Sätzen, die wir alle kennen, die man »so sagt«. Über das Sterben nicht.

Immer hat der Stadt-Großvater erzählt. In meiner Kindheit war der Großvater die erzählende Instanz. Und wahrscheinlich hätte dies auch der andere Großvater getan, der Insel-Großvater, wenn er noch gelebt hätte, als wir Enkelkinder geboren wurden. Denn der Großvater hatte Zeit dazu. Die Großmütter haben währenddessen gekocht, haben uns irgendwo abgeholt und irgendwo hingebracht, haben die Wäsche gemacht und dabei gut ausgesehen, sie haben den Tisch gedeckt und den Kühlschrank voll gehalten, aber nicht nur das, nicht nur diese klaren und bekannten Sachen haben sie getan, wie auch den besten Kuchen gebacken und uns geküsst und uns Pullover gestrickt und uns gehalten. Nicht nur das. Sie haben auch die Großväter gehalten. Und die eigenen Kinder. Wie ein feines Netz, dessen Mitte sie sind und waren. Sie haben uns ausgehalten und aufgehalten und angehalten. Sie haben geschaut, dass wir bleiben. Dass wir wiederkommen. Dass wir wissen, wohin wir zu kommen haben und wie es da riecht und wie es da schmeckt und wie warm es da ist und wie klar es bleibt.

Sie sind geblieben.

(Wäre die eine gern Konzertpianistin geworden, erfolgreich, groß und glamourös? Ja. Wäre sie talentiert genug gewesen? Wahrscheinlich ja. Wäre sie diszipliniert genug gewesen? Ja. Hatte sie Ambitionen, Lust, Träume? Ja. Wäre die andere vielleicht gern ins Kloster gegangen, als Nonne? Manchmal ja. Hätten ihr Glaube und ihre Haltung dafür gereicht? Ja. Oder hätte sie gern etwas anderes noch studiert? Möglich. Sehr möglich. Sie haben es beide nicht getan.)

Sie waren die Ersten, die stets sagten, man solle nicht über Dinge sprechen, die nicht sind. Ihre Stärke war die absolute Gegenwart, das, was ist. Einfach das, was ist, halten. Und aushalten. Und füllen: Mit sich, mit uns, mit Liebe, mit Geist, vor allem mit Haltung. Nicht immer springen. Nicht immer Konjunktiv. Nicht immer träumen. Nicht immer woanders sein. Ihre Stärke war die pure Gegenwart ohne Erzählung. Haltung als Lebensform.

Ohne Nachweis.

Ich weiß natürlich bei weitem nicht, ob das stimmt. Denn ich habe dieses Gespräch mit ihnen nie geführt. Ich habe eine Erinnerung und vielleicht eine Sprache, die diese Erinnerung heute beschreiben kann.

Ich kenne weder ihre Trauer noch ihre Sehnsüchte, ich kenne nicht einmal ihre »Es war einmal«-Geschichten. Sie räumten den Tag auf, während der Großvater uns in seine Geschichtenwelt entführte.

Ich kenne ihre Ehemänner, ihre Töchter und Söhne. Ich kenne unsere Rituale und die Sätze, die sich einprägten. Und diese Sätze bleiben. Vielleicht am Schluss sogar klarer und prägender als die Märchen des Großvaters.

Es bleibt

»Sei nicht ganz so romantisch, wie ich es war. Sei nur die Hälfte davon, das genügt dir. Und du wirst weniger verletzt.«

Es bleibt

»Heirate nicht den ersten Mann, in den du dich verliebst.«

Es bleibt

»Es gibt keinen zweiten Platz. Es gibt nur den ersten.«

Es bleibt

»Für die Schönheit muss man leiden.«

Es bleibt

»Das kannst du auch allein.«

Es bleibt

»Warum hast du keine bessere Note bei der Mathematikprüfung geschrieben?«

Waren sie Perfektionistinnen? Ja.
Streng? Ja.
Klar? Ja.

Warum ich das erzähle?

Aus mehreren Anlässen, denen ich, indem ich erzähle, also aufschreibe, auf die Spur zu kommen versuche.

Ich sitze zum Beispiel in einer Veranstaltung eines Literaturhauses zum Thema »Frauenliteratur« im Zusammenhang mit der wichtigen und aufschlussreichen Publikation »FRAUEN LITERATUR – Abgewertet, vergessen, wiederentdeckt« von Nicole Seifert, die 2021 bei Kiepenheuer & Witsch erschienen ist. Es geht um schreibende Frauen und um die Geschichte von schreibenden Frauen – eine sehr problematische, eine Geschichte der Unterdrückung. Und ich muss an meine Großmutter denken, die eben gestorben ist. Der Moderator fragt mich, ob mir denn auch Diskriminierung im Literaturbetrieb zugestoßen sei, weil ich ja eine weibliche Autorin sei. Ich möchte laut »ja« und »natürlich« sagen, doch ich weiß, dass das allein nicht genügt. Und weiß auch, dass ich diese Frage nicht mit Beispielen beantworten werde. Beispiele und Anekdoten führen nicht zu den tiefsitzenden, strukturellen Themen. Beispiele bleiben individuell, emotional, konkret und immer an das erzählende Subjekt gebunden.

Und trotzdem sind Beispiele wichtig.

Ich nehme einen Umweg. Mein weiblicher Körper ist nicht allein Ursache von Projektionen. Das wäre zu einfach.

Ich denke an meine eben verstorbene Insel-Großmutter und beginne zu erzählen, auf diesem Podium, denn sie scheint mir gerade am nächsten und am ehrlichsten an diesem Abend zu sein, sitzt auf meinen Schultern und spricht wie immer mit. Wie immer sitze ich nicht allein auf diesem Podium, wie immer erzählt ein Körper allein zu wenig und wie so oft wird das vergessen. Dass wir so viele Schichten und Spuren mittragen, so viele Frauenbiografien in uns wandern. Und ich erzähle und erinnere meine zwei Großmütter, dieses Mal jedoch laut, was ich bis dahin noch nie getan habe. Ich erzähle von den Bildungsbiografien dieser zwei Frauen.

Dass meine beiden Großmütter studiert haben.

Dass die eine Musiklehrerin war und aus einer Künstler:innen Familie kommt, dass also Kunst und Literatur schon immer in meiner Nähe waren. Dass sie mir diese nähergebracht hat.

Dass die andere Mathematiklehrerin war. Studiert hat. Das Gymnasium absolviert hat.

Ich erzähle laut von den Erfolgen dieser zwei Frauen, die in einem anderen Land gelebt haben.

Und ich erzähle, dass mich einerseits noch nie jemand nach diesen zwei Frauen gefragt hat. Dass aber vor allem bei Menschen mit einem Migrationshintergrund häufig davon ausgegangen wird, dass sie aus einer tieferen Bildungsschicht kommen. Dass sie sozial und finanziell aufsteigen im Westen. Ungefragt gehen wohl viele Menschen davon aus, dass meine zwei Großmütter eher ungebildete Hausfrauen waren. Oder so ähnlich.

Ihr Erstaunen darüber, dass beide studiert haben, ist meistens groß.

In Wahrheit ist das nicht nur ein Fakt, sondern insbesondere ein Selbstverständnis, das meine Realität als Frau und Tochter und Enkelin und Mensch und Künstlerin (*und und und*) stark geprägt hat. Wir studieren. Wir bilden uns. Alle. Gleichwertig. Und ambitioniert. Wir sind Streberinnen, ja, und das sind wir gerne. Und eigentlich müssen wir das eben nicht laut sagen, denn es ist und war schon lange da.

Selten habe ich also meinen Bildungsweg in Verbindung mit dem Bildungsweg meiner Großmütter, meiner Mutter oder auch meiner Tante erzählt. Den Zusammenhang dargestellt als eine Linie, die durch Migration nicht gebrochen wurde. Die aber in dem, was erstmal sichtbar ist, verloren geht. Meine Großmütter sind nicht hier, waren nie hier, haben nie meine Freund:innen und ihre Eltern kennengelernt und von sich erzählt. Sie sind Möglichkeiten in den Köpfen der Menschen um mich herum, doch ihre Bilder muss ich malen und die Projektionen korrigieren.

Als wir Anfang der neunziger Jahre in die Schweiz gekommen sind, war meine Mutter eine der wenigen Mütter in meiner Kindergartengruppe, die nicht Schweizerinnen waren. Und eine der wenigen, die gearbeitet haben. In ihrem Beruf als studierte Architektin. Die meisten Schweizer Mütter waren in den neunziger Jahren eins: Hausfrau. Das war meine Realität. Ob sie objektiv stimmt, kann ich nicht belegen, doch in meinem Umfeld, einer vorstädtischen Grundschule in Basel-Land, war sie ein Fakt. Aus dieser Schule besuchten danach vier Kinder das Gymnasium. Davon stammten drei aus Kroatien.

Warum ich das erzähle?

Weil meine Bildung und mein Selbstverständnis, in dieser Welt zu stehen, zu sprechen und zu schreiben, nicht von irgendwo kommen. Sie sind eine Kombination vieler Faktoren. Glück spielt sicher eine Rolle. Und die Großmütter eben auch eine. Eine große Rolle. Eine, die ich viel zu selten miterzählt habe.

Warum ich das erzähle?

Auch, um mir im Erzählen bewusst zu werden, wie sehr beide Großmütter, so unterschiedlich sie waren, diesem tief verankerten Perfektionismus folgten, der in der Erziehung und auch im Auftritt vieler Frauen eine viel zu große Rolle spielt.

Man hört diesen Perfektionsanspruch aus den Sätzen sprechen, die geblieben sind. Aus den Beschreibungen ihres Aussehens, ihres Auftrittes. Als Mütter, die arbeiteten, als Mütter, die intensive Sorgearbeit leisteten, als Frauen von Männern, die im Krieg waren, als Frauen, die selber den Krieg erlebt haben, als Frauen, die zugleich arbeiten und einen Haushalt machen, spiegeln sie in ihren Leben so viele der Themen, der Komplexe, die unsere Gegenwart weiterhin prägen. Ja, sie hatten vielleicht kein eigenes Zimmer, wie Virginia Woolf das verlangte, doch sie balancierten die Ebenen zwischen Haushalt, Familie, Mutterschaft und Beruf jeden Tag aufs Neue aus. Und es wurde von ihnen verlangt, in jeder dieser Positionen perfekt zu sein.

Und wenn Großmutter sagte: Heirate nicht den ersten Mann, in den du dich verliebst, war das bei weitem nicht nur die Aussage einer Frau, deren Herz gebrochen wurde. Es war die Aussage einer Frau, die ihr Leben, ihren Beruf und ihre Familie mit Klarheit gestalten wollte. Nimm dir Zeit, war der weise Rat, finde alles über dich selber heraus. Finde heraus, was du wirklich willst. Doch sie setzte sich nicht hin, sie nahm sich nicht die Zeit, die der Großvater sich abends nahm, um diesen Satz zu vergrößern, um ihn wirklich zu erzählen. Um sein Gewicht und seine Ernsthaftigkeit den Töchtern und den Enkelinnen zu vermitteln, als Teil einer langen Geschichte, der sie folgen. Die sie nicht mit jedem Schritt nochmal selber finden und erfinden müssen. Es schien nicht wichtig. Oder nein: Es gab zu wenig Zeit in diesem vollen Tag. Und es gab zu wenig Sprache, um den zwingenden Satz, es gebe nur den ersten und keinen zweiten Platz, im Zusammenhang geschlechtlicher Ungleichgewichte im Beruf zu erklären. Ja, du musst immer gewinnen, sonst kommst du nicht mehr vor. Es gab für die Großmütter zu wenig geltende Narrative, die diese einzelnen Sätze als strukturelle wahrnehmen würden. Die sie zu genauso wichtigen machen würden wie die Märchen des Großvaters: als gesellschaftlich anerkannte Narrative.

Sie hatten noch zu wenig Sprache für die Verbindung all dieser Felder, keine Bücher, Texte, in denen diese Ansprüche, diese Themen vertraulich verhandelt wurden. Sie hätten Virginia Woolf lesen können, doch anstatt dessen hielten sie sich an Dostojewski und die Bibel. All das ließ sie, denke ich, oft allein und eher leise handelnd zurück; wenig sprechend.

Es ließ sie vor allem erschöpft zurück.

»Das Dogma der Perfektion ist erschöpfend«, schreibt Franziska Schutzbach in ihrem Buch »Die Erschöpfung der Frauen« und fordert zur Imperfektion auf. Ruft zu Bündnissen und Verständnis auf. Und schreibt ein Buch, das verbinden will. Ein Buch, das publiziert und gelesen wird. Virginia hätte sich gefreut. Und sicher auch Kritik geübt; weil das immer wichtig ist und bleibt, bei allen Bündnissen und Verbundenheit.

Franziska Schutzbach sucht nach einer »Kraft, die nicht auf die einsamen Versuche der Frauen reduziert ist, Dinge noch perfekter zu machen. (...) Es geht darum zu versuchen, vielstimmige Bezugs- und dadurch neue Wertesysteme zu schaffen. Eine mögliche Entgegnung auf Erschöpfung ist Beziehung und nicht Vereinzelung.«

Ich denke an meine eine Großmutter, die Pflegefrau allein in ihrer Küche.

Ich denke an die andere Großmutter, die allein, als Frau, Kinderchöre leitet. Die sich scheiden lässt. Die Auto fährt, während ihr Mann auf dem Beifahrersitz sitzt. Die einen Mann mit einem großen Kriegstrauma hat und mit niemandem darüber spricht.

Ich denke darüber nach, wie sie sich hätten verbünden können.

Ich finde »meine« Virginia Woolf in einer Zeitgenossin, in der dreißig Jahre älteren Sandra Cisneros. Sie schreibt Sätze, die ich gern geschrieben hätte. Nicht als literarische Sätze, sondern als innere Wahrheiten. Sätze, die lange einsam klangen und machten, bevor ich wusste, dass im Zimmer nebenan auch eine Frau einsam ist und darüber schreibt. Bevor ich diese Sätze auf Papier lesen und darin eine Verbundenheit finden konnte, die von der Einsamkeit befreite.

Cisneros schreibt in ihrem Text »A House of My Own«, der nicht zufällig einen Kreis schließt und heute bei mir landet, über sich als junge Frau und werdende Autorin in dritter Person:

> As a girl, she dreamt about having a silent home, just to herself, the way other women dreamt of weddings.
> It is important to have this space to look and think.
> She likes being alone in the daytime.
> (She doesn't) want to marry and have babies. Not yet. Maybe later, but there are so many other things she must do in her lifetime first. Travel. Learn how to dance tango. Publish a book. Live in other cities. Win a National Endowment for the Arts award. See the northern lights. Jump out of a cake.
> She sits with paper and a pen and pretends she's not afraid. She's trying to live like a writer.

Sandra Cisneros schreibt diese Sätze 2015 und denkt an ihre Anfänge in den achtziger Jahren. Sie denkt an sich als junge Frau und zeigt sich verletzlich, schamlos und einsam.

Und ich denke an meine Großmütter und frage mich: Welche Sätze haben sie vermisst? Welche Sätze hätten sie gerne in einem Buch gefunden und gelesen, geschrieben von einer Frau?

Hatten sie verbündete Frauen, die ein ähnliches Leben führten, einen ähnlichen Alltag, ein Alter mit ihnen teilten, mit denen sie im Austausch waren? In einem Austausch über die intimen Gedanken? Über körperliche Bedürfnisse? Über Alltagsmomente, die einsam machten, die Angst machten, die schlaflos machten? Über Gedanken, die schwer auszusprechen sind? Über ihre Träume und Sehnsüchte? Hatten sie eine Schwester, Cousine, Freundin oder einen Text, der für sie da war?

Hätte jemand die Sätze von Cisneros zu mir gesagt, als ich Anfang zwanzig war, oder hätte ich den Text damals schon gelesen, ich hätte meine Gedanken, die sehr ähnlich waren, schneller sortiert. Hätte sie ernster genommen. Hätte sie klarer gelebt. Ich hätte sie sicher weniger versteckt. Mich nicht für sie geschämt. Ich bin froh, diese Sätze heute zu kennen, heute zu nicken, heute zu wissen, dass ich sie gelebt habe, auch ohne Spiegel. Auch ohne so klares Echo.

Echos finden wir immer.

Wir waren nie die Ersten.

Wir waren nie ganz allein.

Und irgendwo tief drinnen wissen wir das auch.

Und die Großmütter wussten es auch.

Und wenn meine Großmütter wissen würden, lesen würden, was ich hier über sie schreibe? Es wäre sicher erstmal »zu viel«. Das meiste, was gesagt wird – außerhalb des Notwendigen –, ist zu viel. Die Publikation eines Textes über sie ist daher ganz sicher zu viel. Auf vielen Ebenen: weil Privates öffentlich gemacht wird. Weil ihr Leben, ihr Alltag, mit Demut verbunden ist. Weil das alles auch wirklich nicht so wichtig ist. Weil man nicht viel darüber sprechen sollte. Vor allem nicht mit Unbekannten. Weil ich nicht um Erlaubnis gefragt habe. Und noch vieles mehr.

Sitzen diese ungesagten Gedanken und Sätze tief? Weil sie oft gedacht wurden, auch in meiner Gegenwart?

Und was, wenn es notwendig ist, all das aufzuschreiben?

Für weniger Scham und weniger Einsamkeit?

Für weniger Erschöpfung.

Heute habe ich drei Schreibtische in drei Zimmern in drei Städten.

Bei der Beerdigung meiner Insel-Großmutter weht eine starke Bura. Der Himmel ist klar und strahlend blau, die Sonne herbstlich, blendet zarter als im August. Der Friedhof auf der Insel, auf dem sie beerdigt wird, liegt auf einem Hang mit direktem Blick aufs Meer. Überall Zypressen. Als der Sarg über die Öffnung aufs Grab gestellt wird, ist der Wind am stärksten. Ich schließe die Augen und bin überzeugt, dass die Großmutter sich in diesem Moment mit dem Wind verbindet, dass sie davonfliegt, buchstäblich, nach Punat, nach Vrbnik und in viele weitere Richtungen, zu ihren Söhnen und Enkelkindern, die alle in unterschiedlichen Städten, an vielen Orten wohnen. Sie fliegt zu uns, in alle Himmelsrichtungen. Ihr Körper bleibt, wird nur Minuten später versenkt, doch sie wird noch einmal Bewegung, noch einmal Kraft, noch einmal Licht. Nur in einem Moment wird es ruhig: als eine Klapa, ein traditioneller Männerchor, a capella das uralte Volkslied »Vrbniče nad morem« singt, als ihre Geburtsstadt, die nur ein paar Kilometer vom Friedhof entfernt liegt, besungen wird:

Vrbniče nad moren, Vrbniče nad moren visoka planino,
o tra ni na ni ne na, o tra ni na ni ne na visoka planino.
U tebi se goje, u tebi se goje po izbor djevojke
o tra ni na ni ne na, o tra ni na ni ne na po izbor divojke.
Jedna drugu zove, jedna drugu zove, stan' gori sestrice
o tra ni na ni ne na, o tra ni na ni ne na stan' gori sestrice …

Kaum ist das Lied verklungen, weht die Bura weiter, hoch in die Luft, durch alle Zypressen und übers Meer.

Ich gehe der Küste entlang und beschließe, diesen Text zu schreiben. Ich beschließe, den Text zu schreiben, solange ich ihren Nachhall noch spüre, die fast hundert Jahre ihres Lebens noch wahrnehme, neben mir, als eine fast unendlich lange Geschichte.

BLEI. LANDSCHAFTEN
Eine Großvater-Poetik

Man überlebt nicht
alles, was man überlebt.
Ilse Aichinger

Der Großvater ist Krieg. Nach innen gerichtet.

Der Großvater trägt Erfahrung. Von außen gerichtet.

Nach innen verdaut, unverdaut, unversprachlicht. Bis zum Schluss.

Der Großvater steht »unter freiem Himmel in einer Landschaft, in der nichts unverändert geblieben war als die Wolken und unter ihnen, in einem Kraftfeld zerstörender Ströme und Explosionen, der winzige, gebrechliche Menschenkörper«.

Ich kenne Großvater.

Ich kenne Großvater nicht.

Ich kenne keine Sirenen und keine Bomben, keine Luftschutzbunker, keine Flucht. Ich kenne kein Weglaufen, keine persönliche Not, meinen Wohnort verlassen zu müssen. Ich kenne kein Mitlaufen.

Ich kenne nicht die entscheidende Frage: Bleiben oder gehen?

Ich kenne nicht überleben.

Ich kenne Großvater.

»Es beginnt mit einem Großvater.

Es beginnt mit meinem Großvater, der sehr viele Märchen erzählt hat, der uns schon beim Frühstück und beim Mittagessen und auch beim Abendessen Geschichten erzählt hat. Und vor dem Zubettgehen hat er erzählt. Und wahrscheinlich hat er noch weitererzählt, als wir Enkelkinder schon geschlafen haben.

Es geht um die Geschichte, die er mir nie erzählt hat.

Aus einer anderen Geschichte heraus wuchs ich woanders als der Großvater auf und gleichzeitig in zwei Sprachen hinein. Ich sprach mit dem Großvater in Zagreb die eine, jene Sprache, in der er uns die Geschichten erzählte. Ich spreche dort, wo für Zuhause *doma* gesagt wird, stets diese eine Sprache: meine Familiensprache in der Küche. Ich spreche sie beim Betreten der Eltern-Wohnung oder in den Sommerferien oder Weihnachtsferien und kehre in diese hier, die andere, zurück: zum Lesen. Zum Schreiben. Zu einem Leben, das in Zürich angefangen und das größtenteils in dieser Sprache stattgefunden hat.

Kurz nachdem er gestorben ist – das ist mittlerweile über fünfzehn Jahre her – habe ich zum ersten Mal von der Geschichte gehört, die er mir nie erzählt hat: Ich habe von Bleiburg gehört. Einem Ort in Kärnten, Österreich, direkt an der slowenischen Grenze.

Bleiburg steht für ein Ereignis am Ende des Zweiten Weltkrieges, das auf einem Feld stattfand und danach lange verschwiegen wurde.

Über siebzig Jahre nach diesem Ereignis wohne ich in Wien und beschließe, dieser Geschichte nachzugehen.

Es beginnt, weil er diese Geschichte nie erzählt hat.«

So beginnt das Theaterstück »Blei«, das 2017 in der Regie von Tomas Schweigen am Schauspielhaus Wien zur Premiere kommt. Ein Beginn, den mein Großvater nie gemacht hat.

Dieser Text eröffnet den Abend, gesprochen von der Schauspielerin Vera von Gunten. Dazu sieht man auf einer großen Leinwand, fast wie im Kino, dokumentarische Bilder des gesamten Theaterteams, inklusive mir, der Autorin des Abends und Enkelin dieses Großvaters, man sieht uns während einer Recherche, während Reisen in Kroatien, Slowenien, Österreich, in Gesprächen und mit Gesprächspartner:innen; viele Stimmen, vielsprachig. Viele Bilder. Erstmal vielleicht: wenig Theater.

Aber was dann? Was liegt hinter diesen Bildern und diesem Text? Es liegt ihnen etwas zu Grunde, das ein Theaterabend in seiner Verdichtung fast nicht fassen kann. Es liegt das Gegenteil von Verdichtung im Hintergrund, als Boden, als weicher Boden einer Recherche, einer Suche nach einer Zeit, nach einer individuellen Erfahrung, die einer nie erzählt hat. Und dieses Gegenteil von Verdichtung, dieses andere, nicht Verdichtete, nicht Fertige, nicht zu Präsentierende, dieses ohne Premiere und ohne Applaus, dieses Suchen und Finden und immer gleichzeitig auch das Gegenteil von Finden, das liegt hinter diesen Worten, hinter dieser Eröffnung, die einen Anfang behauptet, wo nie einer war. Und die einen Schluss finden wird, der Theaterabend wird enden, wo nie ein Ende war.

Dem Stück »Blei« liegt eine fast einjährige Spurensuche zu Grunde, eine Arbeitszeit, die das übliche Zeitfenster von ein paar Wochen Probenzeit am Theater längst und in vielen Längen überstiegen hat, die sich immer mehr in sich verdrehte und die viel länger hätte dauern können, hätte es nicht einen Premierentermin gegeben. Die Zeitlichkeit und darin auch die Kunst des Theaters definiert sich über einen Premierentermin, der meist als Erstes da ist. Dieser setzt eine Verdichtung voraus, einen Zeitstrahl, der in Anbetracht dieses Termins verhandelt, gelebt und erprobt wird.

Ich hole noch weiter aus, schaue noch weiter zurück: Die Suche nach der unerzählten Geschichte hatte schon lange vor dem Theaterstück begonnen. Sie hatte eigentlich für das Manuskript begonnen, an dem ich 2017 schon seit einiger Zeit schreibe und das 2019 unter dem Titel »Die Nachkommende« als Roman bei Matthes & Seitz, Berlin, erscheint. Ich schreibe über meinen Großvater, ich verwandle ihn in eine Figur, in Fiktion, und wandere doch seinen anscheinend echten Schritten hinterher, ich bewege mich auf fragilem Boden zwischen seiner Sprache und meinen Sprachen, zwischen Dichtung und Verdichtung, ich bewege mich obsessiv.

Warum?

Weil ich als Kind dem Großvater so nahe war, so viel Nähe spürte und wie ein Kind eben dachte, diesen Großvater ganz und absolut zu kennen, wie er mich wahrscheinlich wirklich ganz und absolut kannte. Ich war so überzeugt von dieser Absolutheit, dass sowohl die Erfahrung seines Sterbens als auch vieles, was ich nach seinem Tod als Teenagerin über ihn langsam erfuhr, in einen tiefen Austausch mit dieser gespürten Absolutheit ging. Langsam, aber auch plötzlich, eruptiv, kamen Bruchstücke zu Tage, das Wort »Bleiburg«, der Großvater im Zweiten Weltkrieg, immer unerwartet und nie tatsächlich erzählt. Ich weiß nicht einmal, wann und warum ich das erste Mal davon erfuhr, wem es wortwörtlich herausrutschte. Ich muss schon über zwanzig Jahre alt gewesen sein und der Großvater schon mehrere Jahre gestorben.

Es wurde mir sofort klar, wie aufgeladen dieses Wort in unserer Familie war, aber anscheinend auch außerhalb, zumindest in Kroatien. Es entstand sehr schnell eine Atmosphäre im Raum, in der man nicht weiter nachfragt. Ich selber war immer nur fragmentiert in dieser Familie dabei gewesen, immer nur verkürzt, stets unterbrochen von Ferienenden, Abreisedaten, von anderen Wichtigkeiten an anderen Orten, wie es schien, verbrachte ich immer nur Tage oder höchstens Wochen in Kroatien. Ich pflege seit fast immer eine Fernbeziehung zum Großteil meiner Familie, und wie in jeder Fernbeziehung versucht man, wenn man dann endlich zusammen an einem Ort ist, Schönes zu erleben. Gutes zu erzählen. Wenig Konflikt zu produzieren. Wenig Unerwartetes soll passieren. Und ebenfalls wie in den meisten Fernbeziehungen kommen dann meist erst zum Schluss die ehrlichen Gespräche, auch die schwierigen

Themen zum Vorschein. Meist dann, wenn die Zeit nicht mehr reicht, und man winkt ab, man will sich nicht streiten oder mitten in einer komplizierten Diskussion wieder auseinandergehen. Also schwebt man an der Oberfläche entlang, trinkt Kaffee, bleibt in der Gegenwart, versucht, den oder die andere nicht zu sehr zu belasten. Ob das Beziehung ist, ob das Familienbeziehung sein kann, weiß ich manchmal nicht und reise fast enttäuscht wieder ab, leer und sehnsüchtig. Wünsche mir mehr Zeit, damit das Zufällige, das Schwierige gesagt und erzählt werden kann. In Fragmenten lässt es sich nur mit Leichtigkeit leben. Sonst zerfallen sie.

Es wurde mir auch klar, dass es sich bei »Bleiburg« um einen Teil von Geschichte handelt, den ich nicht offiziell gelernt hatte. Einerseits, weil meine schulische Bildung in der Schweiz stattgefunden hatte und dort dieses »Bleiburg« von keiner Bedeutung war; andererseits, weil es auch in der kroatischen Geschichtsschreibung eine äußerst problematische, lange Zeit tabuisierte und komplexe Position einnimmt; schließlich kommt noch eine Familie dazu, die nicht viel, also kaum davon erzählt hat. Ich hatte somit eigentlich erstmal, den Bildungsweg betrachtend, wenig Möglichkeit gehabt, mit diesem Thema konfrontiert zu werden. Das wiederum löste, sobald ich nur ein paar Informationen kannte, eine obsessive Beschäftigung mit dieser Lücke aus. Einen Antrieb, dem ich wie ausgeliefert war. Ich wollte all diese Fragen, die aufkamen, auf einmal klären: den Großvater besser kennenlernen und seine Position im Zweiten

Weltkrieg verstehen; die kroatische Geschichte am Ende des Zweiten Weltkriegs überhaupt näher kennenlernen und zugleich auch den Umgang meiner Familie mit dieser und mit dem schweigenden Großvater nachvollziehen, einordnen. Ich war in meiner Aufbruchsstimmung überzeugt davon, dass es zu all diesen Punkten irgendwo klare Antworten geben müsste, die mir bisher nur vorenthalten worden waren. Es musste eine Verbindung geben, die direkt zum Großvater führte, wenn ich nur die Umstände besser verstanden hätte, so dachte ich. Und wollte sofort aufbrechen, anfangen.

Und dafür brauchte ich vor allem eines: Zeit. Nicht fragmentierte, nicht unterbrochene, nicht abgekürzte Zeit. Zeit, die ich gestalte. Die nicht geprägt ist von Familienritualen oder jeweiligen Bildungswegen. Ich brauchte meine Zeit. Ohne zu wissen, was diese Zeit bedeuten würde. Ohne zu wissen, wie lange sie dauern sollte. Im Wesentlichen schien es mir, dass ich Zeit nachholen musste, verpasste Zeit, die ich durch meine Recherche wiederfinden könnte.

Mehr als siebzig Jahre nach dem Zweiten Weltkrieg wohne ich in Wien, nur knapp vier Stunden Zugreise von »Bleiburg« entfernt. Das Zugticket in eine Richtung kostet mit der VorteilsCard 36,60 Euro. Alle zwei Stunden ein Zug dorthin, ab Wien Hauptbahnhof. Wenige Wochen vor Ostern, im Jahr 2016, beschließe ich zum ersten Mal, nach Bleiburg/Pliberk in Kärnten zu fahren. Ich packe das unfertige Romanmanuskript ein, kaufe ein Zugticket, buche zwei Nächte in einem Gasthaus und fahre nach »Bleiburg«. Meine Sprachen und ich laufen gemeinsam los, um den Erfahrungen hinter Großvaters Sprachlosigkeit nachzugehen.

Großvaters unausgesprochene Erfahrung fand an einem Ort zwischen zwei Sprachen statt. Auf einem Feld, das zwischen der österreichisch-slowenischen Grenze und dem ersten Ort hinter – oder vor – dieser Grenze liegt: Bleiburg/Pliberk. Heute zweisprachig auf der Ortstafel benannt. Auf einem Feld zwischen zwei Ländern. Mindestens vier Sprachen – Englisch, Deutsch, Kroatisch, Slowenisch – umgaben ihn damals, dort, in einer Zeit zwischen einem eben beendeten Krieg und einem neuen Land. Es war Mitte Mai 1945. So ging der Großvater vielleicht zeitlos hin und her, vielleicht zu früh, vielleicht zu spät, und kam doch nicht vom Fleck. Blieb irgendwo stehen, sprachlos.

Ich steige in Bleiburg/Pliberk an einem sonnigen und zugleich eiskalten Frühjahrestag aus dem Zug. Die Sonne blendet. Es ist Mittagszeit und still. Beim Aussteigen ist das Erste, was ich erblicke, eine große Plakatwerbung für eine Buchstabensuppe. Etwas, was ich lange schon nicht mehr gesehen habe. Oder in der Stadt übersehen habe? Ich denke an Großvater, als würde er mich hier begrüßen. Ich erinnere die Buchstabensuppe, welche die Großmutter so oft zum Mittagessen zubereitete, eben eine solche aus der Tüte, während sonst alles von ihr selbst gekocht wurde. So eine Buchstabensuppe war unser gemeinsames Spiel gewesen. Wir suchten Wörter darin, der Großvater stellte dabei immer neue Aufgaben, oft lustige, auch etwas derbe Wörter sollten wir in der Suppe suchen und zusammenstellen, Wörter, die wir Kinder sonst im Alltag nicht immer verwenden durften. Der Großvater durfte das und wir durften es mit ihm. Nur die Großmutter ärgerte sich ein wenig, obwohl sie auch immer mitlachte.

Pliberk/Bleiburg wäre eine doppelte Suche in der Suppe gewesen, zwei Varianten, zwei Namen aus zwei Sprachen für den gleichen Ort. Oder denselben. Wie die beiden Sprachen, die ich in mir trage und die beide hier, unterschiedlich aber doch, verstanden und verwendet werden könnten.

Wo kommst du her, kriegt in Bleiburg/Pliberk, dieser deutsch-slowenisch-sprachigen Gegend, eine neue Richtung oder ein neues Gewicht. Komme ich aus Wien, aus der neutralen Schweiz, aus Kroatien? Aus welcher Richtung nähere ich mich an? Mit welcher Sprache fange ich hier an?

Ich gehe los. Ich gehe mitten ins Ortszentrum, zum Gasthof, nehme den Zimmerschlüssel und bringe meine Tasche ins Zimmer. Das Zimmer liegt im obersten Stock und vom Fenster aus öffnet sich ein weiter Blick über den Ort. Der Himmel leuchtet blau und ich sehe, hinter den Häusern, ein weites Tal und hohe Berge. Steile Felswände. Und ich denke als Erstes: Das hat also auch der Großvater gesehen. Frühlingshaft grün muss es gewesen sein und schon alles erblüht im Mai. Jetzt ist März. Ich hatte nicht gedacht, dass die Berge hier so nahe und so mächtig waren. Und auch schön. Und dass es so ruhig sei. Stille und Vögel, in der Ferne Autos und Maschinen. Fast keine Menschen. Hörte ich irgendetwas, was auch der Großvater gehört haben musste?

Ich beschließe, sogleich zum Loibacher Feld, oder

umgangssprachlich »Bleiburger Feld«, zu laufen, zu dem Feld, auf dem heute ein kroatisches Denkmal steht und das Privateigentum eines kroatischen Vereins ist.

Ich laufe durch den stillsten Ort und vom Ort zu den Feldern, hinaus, es ist nun früher Nachmittag, ein Rabe fliegt neben dem Mond, am helllichten Tag von der Sonne beleuchtet, und verschwindet vom Himmel, als ich ihn fotografieren möchte, ohne Senkflug.

Die Sonne brennt.

Der Weg entlang der Landstraße dauert eine gute halbe Stunde zu Fuß, in Richtung der slowenischen Grenze, zu der es nach dem Feld dann nur noch knappe zwanzig Minuten braucht. Ebenfalls zu Fuß.

Ich laufe in die falsche Richtung oder anders, als Großvater gegangen ist. Ich laufe ihm und dem Feld entgegen, neben mir Bahngleise, einen Kirchturm im Rücken und eine Burg auf einem Berg, vom Feld aus dann nicht mehr sichtbar. Sein Blick nach vorne war wohl dorthin gerichtet, wäre gern bis dahin gekommen, wo ich losgelaufen bin.

Unterwegs keine Menschen.

Unterwegs: gefällte Baumstämme, alt und liegend, gestapelt; gesammelte Plastikabfälle, geordnet und sortiert, gebündelt, ein ganzes Feld; junge gepflanzte Bäumchen, in Reih und Glied, auf einem freien Waldstück; Kieselsteine wie am Meer, tausende; Tannenzapfen, müde und krumm auf dem Boden liegend –

Unterwegs: überall Menschen.

Und dann stehe ich am besagten Feld, eher Felder, Äcker, aneinandergereiht, weit, eine breite Ebene direkt neben der Landstraße. Ich sehe das Feld, auf dem unterschiedliche Objekte stehen. Ich stehe mittendrin.

Ich sehe zunächst eine Art Gebäude, die Architektur einer großen überdachten Bühne, darauf ein Rednerpult und auf dem Dach ein Kreuz.

Ich sehe vier Tannen danebenstehen und frage mich, was diese Bäume wohl gesehen haben. Und ich frage mich, ob da nicht andere fehlten. Weitere Bäume?

Ich sehe einen Zaun und ein vorbereitetes, kleineres Feld im Feld, als wäre da ein Friedhof, wo noch keiner ist.

Ich sehe einen Stein mit eingravierter Schrift. Darauf steht auf Kroatisch: »U čast i slavu poginuloj Hrvatskoj vosjci, Svibanj 1945«, auf Deutsch würde das heißen: »Zu Ruhm und Ehre der ums Leben gekommenen kroatischen Armee, Mai 1945.« Auf dem Stein steht aber, abgewandelt, unter der kroatischen Inschrift auf Deutsch: »Zum Gedenken an die gefallenen Kroaten, Mai 1945.« Und daneben das Ustascha-Wappen. In Stein gemeißelt. Einfach so. Die ganze Zeit. Das Ustascha-Wappen, das wie das heutige Wappen Kroatiens ein rot-weiß gemustertes Schachfeld darstellt, mit dem einen Unterschied, dass das erste Feld oben links nicht rot, sondern weiß ist.

Vögel, Stille und die blendende Sonne.

Ich stehe sehr lange in und an diesem Feld. An diesem Denkmal, das verlassen und in viele Teile zerstreut hier wartet, als Bühne, als Stein, als Feld, als Friedhof, als Architektur, als Baum. Es wartet, denn es wird alljährlich im Mai besucht, seit 1955. Ich sehe die Bilder, die ich aus Zeitungen und dem Internet kenne, vor mir, während ich allein dort stehe, zu Mittagszeit, auf einem Feld, das Privateigentum ist, kein österreichischer Boden unter meinen Füßen, Vereinsboden, der hier ackert, der hier etwas darstellen will. Auf dieser Bühne vor mir findet jährlich eine katholische Messe statt, in der ersten Reihe sitzen Politiker, die aus Kroatien anreisen, Staatsoberhäupter, mal mehr, mal weniger von ihnen, je nachdem, wer gerade das Land regiert. Und hinter ihnen tausende Menschen, alle angereist, sie schwenken Plakate und Fahnen und Symbole, sowohl jene aus dem Zweiten Weltkrieg als auch aus dem Krieg der neunziger Jahre, es ist schwer zu lesen, wessen oder was hier genau gedacht oder vielmehr gefeiert wird, vielleicht wird in dieser Vermengung von allem eines deutlich, wenn man diese Bilder ansieht: Zwei Kriege scheinen gleichzeitig gefeiert zu werden, unter dem Titel einer gemeinsam geteilten, nationalen Identität; ein krudes Kostümfest der teilweise verbotenen Uniformen und Zeichen wird hier ermöglicht, militante Erinnerung verkleidet als Gedenken an die Toten. Es ist eine laute, ausgelagerte Staatsfeier, die auch rechten und rechtsextremen Zeichen einen Raum gibt, weit weg des eigenen Herkunftslandes, wo diese nicht mehr erlaubt sind. Unter dem Deckmantel der Opfererinnerung, die diese Zeichen mildern und bewilligen soll. Die Gedenkenden, die aber immer viel mehr wie Feiernde wirken, laut und groß und euphorisch den Raum einnehmen, scheinen sich einig zu sein, dass dieser Ort und dieser Tag für sie alle dasselbe bedeutet, während von außen betrachtet alles vermischt wird und unklar ist.

Nur ihre politische Richtung spricht eindeutig.

Ein Schweigen für die Toten, ein ruhiges Gedenken, scheint dabei zu fehlen.

2016, als ich zum ersten Mal auf dem Feld stehe, gibt es das jährliche Treffen immer noch.

Ich stehe da und schaue. Ich ahne die slowenische Grenze, nur ein bisschen weiter, die Landstraße hinunter. Ein Wald breitet sich auf der anderen Straßenseite aus. Ab und zu fährt ein Auto vorbei.

Ich sehe Großvater nicht.

Ich bestelle ein Taxi aus dem Ort zum Denkmal, damit es mich zurückfährt, ich schaffe es nicht, diese knapp dreißig Minuten zurückzulaufen. Ich weiß nicht, wie viel Zeit vergangen ist.

Ich steige stumm ein, der Taxifahrer begrüßt mich.

Nach einer Weile fragt er mich: Machen Sie Urlaub in Bleiburg?

Ich schweige, überrumpelt. Es ist fast komisch.

Ich erwähne dich, Großvater, mit keinem Wort. Ich beobachte meine eigene Unsicherheit. Jeder hier im Ort muss doch mit diesem Feld zu tun haben. Jeder wohnt in einem Haus, an dem damals Menschen vorbeigezogen sind. Und ich weiß so wenig, dass ich mich fast dafür schäme, so wenig zu wissen und doch hier zu sein, am mir fremdesten Ort, wo doch wahrscheinlich sogar der Taxifahrer mehr als ich über die Ereignisse damals weiß. Doch kommt mir der Ort auch ganz nah vor, fast bekannt: Hier ist er doch gewesen, mein Großvater war hier, möchte ich ihm sagen. Möchte ihn fragen: Wissen Sie Genaueres? Können Sie mir etwas sagen? Und ich spüre eine leise Angst hochkommen, was wäre, wenn der Taxifahrer fragen würde, auf welcher Seite? Wo war denn Ihr Großvater damals dabei?

Und ich schweige.

Ich wiederhole das Schweigen und schäme mich dafür.

Im Ort angekommen, nach wenigen Minuten Fahrt, war es Nachmittag und die Menschen liefen durch die Stadt, bewegten sich, als hätte es die Mittagsstille davor nicht gegeben, sie erledigten Einkäufe, trafen sich, saßen im Café. Ich saß dann auch im Eckcafé, kaufte eine Briefmarke, kaufte eine Semmel beim Bäcker, kaufte ein Bier in der Bar, betrat eine Apotheke und schlief in einem Bett.

Ich war in »Bleiburg«.

Am folgenden Morgen traf ich Herrn Kopf. Ich hatte als Vorbereitung auf die Reise versucht, einige Menschen in Bleiburg/Pliberk zu kontaktieren, die mit mir über die Ereignisse am Ende des Zweiten Weltkrieges sprechen würden. Ich gab mich als Journalistin aus, als Autorin, als suchende Enkelin, versuchte über alle Wege in Kontakt zu treten, doch es gelang kaum.

Herrn Kopf fand ich über sein privates und doch öffentlich zugängliches Archiv, dass er jahrelang schon betreibt.

Herr Kopf beschreibt sich selber als »leidenschaftlichen Sammler« und »Bleiburger Urgestein«. Viel mehr ist über ihn erstmal nicht herauszufinden. Es ist dabei kein weiterer Grund für ein Archiv angegeben, als dass der Gründer und Besitzer gerne sammelt. Und selbst ein Urgestein sei, etwas, was man wiederum fast selber sammeln könnte.

Und was tat ich denn anderes als sammeln? Was schien interessanter, als Herrn Kopf zu treffen oder einzusammeln auf dem Weg?

Herr Kopf erwartete mich auf einem Feld abseits vom Loibacher Feld. Er stand so, dass man das Feld, auf dem die Ereignisse stattfanden, auf dem das Denkmal mit der Fahne steht, auf dem die Menschen damals saßen und warteten, im Blick haben kann.

Ich lief die Strecke bis dorthin abermals zu Fuß, es war wieder sonnig und wieder kalt, ich suchte im Gehen nach einer Veränderung zum Vortag. Fand keine. Kannte nur den Weg besser.

Kaum traf ich Herrn Kopf, sprach dieser los und hörte nicht mehr auf, hörte aber immer wieder zu, obwohl ich kaum etwas sagte, ich öffnete die Poren und die Schleusen, ich saugte alles ein, ich merkte mir, wie sich Herr

Kopf an sein Auto lehnte, mitten in dieser Landschaft stehend, die er beschrieb, die er überschrieb, ich merkte mir seine gelbe Fleecejacke und meine viel zu dünnen Lederschuhe, ich merkte mir die blendende Sonne und die kalten Füße, ich hatte ständig kalte Füße und Hände, Großvater, als ich in dieser Frühlingssonne stand und Herrn Kopf zuhörte, ich merkte mir seine großen Hände, die viel gearbeitet hatten im Leben, und seinen Blick zur Brauerei hin, seinen Blick hinaus, überhaupt, ein genaues Jahr vor Augen, einen genauen Moment in diesem Jahr, ein paar Tage kurz nach Kriegsende vor Augen, als wäre er selber damals da gewesen, was alles nicht sein kann. Hier war es luftleer, hier war luftleeres Chaos, sagte Herr Kopf, sehen Sie den Fluss dort? Der Fluss war damals nicht dort, sondern hier, verschoben, davor standen die Panzer, dahinter, auf dem Feld lagerten die Menschen, und sehen Sie diese Baumlinie? Bis dorthin kamen die Panzer auch, Panzer, Panzer, Panzer wiederholte er, sagte es so leicht wie auswendig gelernt, als hätte er lange schon vergessen, wie schwer diese Wörter wiegen, als würde er einen Kinderreim aufsagen, in der Schweiz zählen wir: »Azelle, Bölle schäle, d Chatz gaht uf Walliselle, chunnt si wieder hei, hätt si chrummi Bei. Piff, paff, puff und du bisch ehr und redlich duss.« Die Kinder zählen so ab, sich und die anderen, und hören die Worte fast nicht mehr dabei, doch Walliselle und Panzer sind nicht das Gleiche. Ich weiß nicht, warum mir dieser Abzählreim in den Sinn kam, doch irgendetwas an Herrn Kopfs Erzählen war vielmehr ein Abzählen, Azelle

Bölle schäle oder Panzer, Baumlinie, Feld und Fluss, die Gewichtungen schienen bei ihm ähnlich, zu ähnlich zu sein, wie oft wurde er all das schon gefragt?

Und hier waren eigentlich Wegweiser, jetzt sind hier Bäume, und sehen Sie die Bäume neben dem Denkmal auf dem Feld?, setzte Herr Kopf fort, meine Gedanken nicht kennend, nur vier Bäume? Das war eine ganze Baumlinie, sagt Herr Kopf, da waren viel mehr Bäume, und die Straße ging nicht hier, sondern dort entlang, nur die Schienen, die Bahnschienen stehen schon viel länger, die stehen am längsten, sie sind die ältesten. Das war das Feld und hier ging es weiter und hier auch, hier aber nicht, das ist Sumpfland und hier auch: Nur Sumpfland. Und nach hinten hin war alles offen, von hinten kamen immer mehr und mehr Menschen dazu, zu denen, die schon auf dem Feld waren, die warteten, hier blieb alles stehen. Hier sammelten sich alle, und später, als es zurückging, ging es anders zurück, nicht gleich, nicht von hier nach hinten, sondern über die Brauerei dort und einmal um den Ort herum, denn von dort hinten kamen ja weitere, kamen die Kriegsheimkehrer, und er zeigte Richtung slowenischer Grenze, und Herr Kopf sagte: Großer Kessel. Herr Kopf sagte: Briten, Partisanen, Kroaten, Jugoslawen. Er sagte: Luftleerer Raum, Bleiburg war am Ende vom Krieg, hier, das war Chaos, das war luftleer. Menschenvoll, dachte ich. Und in welchen Sprachen?, dachte ich, ohne Zeit zum Denken zu haben, so schnell und viel erzählte und zeigte er, in welcher Sprache, hallte es doch bei mir nach, haben sich alle verständigt, hier, in diesem luftleeren Raum kurz vor, kurz an, kurz bei einer Grenze.

Herr Kopf sprach weiter: Von den Bauern hier wird immer noch erzählt, dass die Kroaten in die Felder gegangen seien und die Kartoffeln, die erst zwei, drei Tage vorher in die Erde reingekommen sind, wieder ausgegraben und dann gekocht haben. Es gibt Reste dieser Lagerfeuer, die hier überall auch als Bodenbefunde gefunden werden können. Sie hatten Hunger, und was machst du dann, wenn du hier strandest, die nächste Stadt ist weit weg, du bist von deinen Feinden umzingelt, was tust du da anderes, wenn du große Einheiten zu versorgen hast?

Das Wetter war sehr warm, im Mai. Zum Glück.

Und da war bis zum Ende Disziplin, das Feld war gut organisiert, das sieht man in der Erde, das sieht man an den Stellungen der Maschinengewehre, das liegt ja alles noch da. Es gibt Berichte, die sagen, dass die Kroaten am Schluss ganz destabilisiert und ausgehungert und scheußlich beieinander gewesen seien, die ganzen Ausrüstungsgegenstände seien nicht mehr zu gebrauchen gewesen. Das stimmt aber nicht. Zum Beispiel die Abzeichen, die die Kroaten dann bei der Übergabe weggeschmissen haben, sind fast sortenrein in einzelnen Äckern zu finden. Das beweist, dass die Truppen bis zum Schluss noch unter festem Kommando gestanden sind.

Man kann auch Munition finden, nicht abgeschossene Munition, voll mit Pulver, wäre das alles nicht verrostet, könnte man heute noch damit schießen –

Die hätten durchbrechen können. Wenn sie gewollt hätten, hätten sie durchbrechen können. Sie waren voll aufmunitioniert.

Und ich sagte, laut: Bitte eins nach dem anderen, bitte etwas langsamer.

Herr Kopf zündete sich eine Zigarette an und sagte: Schauen Sie, wie schön es hier ist. Aber einer Schweizerin muss man keine Berge zeigen.

Herr Kopf schaute sich um, als müsse er diese Landschaft, die er jeden Tag sieht, eine Armlänge, einen Spaziergang entfernt, doch ständig wiedersehen, als müsse er diese wenigen Tage darin so klar sehen, damit es sie überhaupt gegeben hat.

Das sieht man an den Stellungen der Maschinengewehre, das liegt ja alles noch da, in der Erde wieder drin, Kartoffeln raus, alles andere rein, am Schluss, als die Kroaten dann weggebracht wurden, als diese Märsche begannen, als danach das Feld aufgeräumt wurde, wurde das meiste, was liegen blieb, mit Erde überdeckt.

Herr Kopf holte eine Handvoll Patronen aus seinem Auto, aus dem Handschuhfach, an denen noch Reste frischer Erde klebten, wie einen Schmuck. Wie Requisiten für ein Theaterstück oder für einen Film. Die habe er gerade aus dem Feld herausgeholt, sagte er. Es liegt noch sehr viel da. Damals wurde die Armee auf dem Feld entwaffnet, die Waffen wurden zwar bei einer Räumung eingesammelt, doch viele blieben liegen. Es wurde Erde über sie geschüttet, bis heute wurde nicht wieder geräumt. Die Eltern haben damals, sagte er, wieder im

Fluss, und meinte seine Eltern, Kühe im Feld bewacht und mit echten Waffen, die sie, eine Hand in die Erde steckend und etwas darin herumwühlend, ziemlich schnell fanden, Cowboy und Indianer gespielt. Eigentlich wurde hier ja aufgeräumt, von den verpflichteten Heimkehrern wurde alles gesammelt und auf einen Zug geladen. Eigentlich aber haben Bulldozer das Feld mit Erde überschüttet. Dort drüben habe ich erst vor ein paar Jahren eine Schreibmaschine gefunden. Es liegt noch so viel da. Zu viel. Sie mussten alles abgeben, hinlegen, hierlassen.

Und von diesem Vielen, das da liegt, sammelt Herr Kopf insbesondere die Abzeichen, die Ustascha-Zeichen, viel mehr als Patronen und Schreibmaschinen.

Was mache ich nun damit? Ein Archiv?, fragte er mich und lachte.

Seine Erzählung behauptet in Reichweite auf den Millimeter genau zu sein, seine Erzählung befindet sich in Sichtweite, glasklar, keine Wolken, seine Erzählung sucht den Rahmen in einem klar markierten Feld, durch das er mich führt, als wäre es seine Bühne, doch wer war der Regisseur? Irgendwie scheint er seiner Geschichte immer hinterherzuhinken. Dauernd fehlt ihm etwas. Auch wenn doch alles da ist. Was zählt, ist hier. Was zählbar ist, kann gesehen werden. Und doch sucht er immer weiter, sammelt immer noch mehr Abzeichen für sein Archiv, als würde er so die Toten mitzählen, als würde er versuchen, so die Zahlen, die zu diesem Ereignis immer lückenhaft und wechselhaft sind, nie bewiesen, zu belegen, zu vervollständigen. Er zählt die kroatischen Abzeichen und erzählt auch fast ausschließlich von diesen. Die anderen Seiten kommen in seiner Geschichte wenig zu Tage.

Und ich verstehe, dass ich mich wieder von diesem Feld entfernen muss, um ins Denken zu kommen. Um mich von dieser Erzählung zu lösen, sosehr ich sie gesucht hatte. Ich suchte doch Erzählung, ich suchte doch Worte, ich suchte doch Spuren? Fäden? Linien? Oder suchte ich doch nach etwas anderem? Nach jemand anderem?

Kommen Sie, ich fahre Sie herum, sagte Herr Kopf, immer noch vermessend, bis zur slowenischen Grenze und zurück, und wir steigen in sein Auto und ich denke mir nun: Großvater, wann rufst du Halt? Wann sagst du endlich Stopp? Dort, bei und auf und neben diesem Feld der toten Tatsachen dachte ich es nicht. Als Herr Kopf im Auto dann sagte: Wir fahren nun über einen Weg, den Ihr Großvater gegangen sein muss, legte ich alles weg, das Schreiben und das Heft, und öffnete meine Poren.

Großvater ging schlecht. Seit ich mich erinnern konnte, schon als kleines Kind schien mir Großvater uralt zu sein, denn seine Beine taten stets weh, denn sein Gang war langsam, war vorsichtig. Dabei war er bei meiner Geburt erst sechzig Jahre alt gewesen. Heute sind meine Eltern älter. Und sie gehen schnell und gut und gesund. Großvaters Körper war voller Schmerzen gewesen. Er sagte das selten. Doch ich weiß genau, dass dem so war. Ich weiß, dass der Körper meines Großvaters für mich immer etwas Feines, etwas unendlich Zerbrechliches hatte. Immer hatte ich das Gefühl, ihn schützen zu müssen. Ja nicht zu schnell zu gehen. Nicht zu laut zu sein. Er war nicht wie die anderen Großväter, die mit den großen Händen und den tiefen Stimmen und dem Bauch und dem großen Kopf und dem großen Körper. So war er nicht.

Ich spürte in dem Moment, auf dieser Straße, sein Gehen. Ein Gehen, das den Körper verändert hatte. Als wäre er wirklich hier gewesen, hier diesen Weg gegangen. Als ob das möglich wäre.

Und ich sagte nichts mehr.

Nur Herr Kopf sprach weiter: Wie scheiß hoffnungsvoll Ihr Großvater gewesen sein muss, und ich bat ihn, kurz anzuhalten.

Irgendwann blieb auch Herr Kopf stecken, nach einem Kilometer vielleicht, nach einer halben Stunde Autofahrt etwa, nachdem die Worte gesagt und die sichtbare Landschaft vermessen war, in der wir mitten drinstanden und die wir mit Menschen, Panzern, Wegen und Bäumen füllten, vor allem mit Sprache. Und als diese Besichtigung ihr Ende nahm, als Herrn Kopf die Bilder und Auskünfte ausgingen, wurde auch seine Sprache etwas unsicher, sollten wir weitersprechen oder uns verabschieden?, wir blieben stehen und schauten aufs Feld und all das Gesagte wurde im Schweigen für einen Moment zugleich unsichtbar und leuchtend klar vor uns.

Herr Kopf scheint nach einem Schlüssel zu suchen, sucht ihn in den Gegenständen, sucht vielleicht auch eine Geschichte, die ihm niemand erzählt; sucht vielleicht nach einem Weg, der hinausführt. Weg führt von seinem Feld, das ihn hält. Neben dem stummen Denkmal ein Archiv. Ich friere leicht. Dinge, Dinge, Dinge und ein Herr Kopf, der seit Jahren hier die Meter abgeht, um keinen zu verpassen. Einen Schlüssel suchend, eine Türe. Wohin?

Irgendwann sagte ich: Ich brauche ein Bier, Herr Kopf.

Wir saßen in einer Bar, in einer Ecke mit Bier in der Hand, keine Landschaft mehr um uns herum, nur noch der jeweils Andere, gegenüber.

Herr Kopf erzählte von einem Joško, einem kroatischen Knecht, der auf dem Hof von Bekannten gelebt habe. Er erinnerte sich an ihn aus Kinderperspektive, Joško sei klug gewesen, das habe man seinen Handlungen angesehen, er habe sich aber im Reden dumm gestellt. Habe fast nichts gesagt. Nur gegrinst. Immer mit uns Kindern gegrinst. Und mit den Erwachsenen auch. Faul sei er nicht gewesen, im Gegenteil: tüchtig und schnell. Joško habe sich verdingt wie einige andere auch. Man habe das gewusst, dass auf vielen Höfen Männer lebten und arbeiteten, die aus Kroatien gekommen seien, damals zum Feld. Doch sie hielten sich alle vereinzelt, sagten wenig, man sah sie nie zusammen. Es gab keine Gemeinschaft unter ihnen. Dabei seien sie sich so nahe gewesen. Jeder habe die Sache mit sich geklärt, meinte Herr Kopf. Und er sagte: Teilweise wurden diese Menschen aufgesucht und getötet.

Es reicht noch nicht, sagte ich.
Was reicht nicht?, fragte Herr Kopf.
Das weiß ich noch nicht, aber es reicht mir nicht.
Sie könnten herausfinden, wie das Wetter damals war, sagte Herr Kopf.
Sie haben gesagt, dass es warm gewesen sei im Mai.
Ja, aber ich weiß nicht, wie das Wetter auf den Märschen zurück war.
Ja, stimmt, sagte ich.
Sie könnten fragen, wo sein Weg entlangführte.
Ja.
Sie können in anderen Archiven nachschauen, nachlesen, nachfragen.
Ja, das könnte ich. Doch ich habe auch viele Fragen, für die es keine Archive gibt:
Wie klingt der Wald, nachdem so viele Füße durch ihn marschiert sind?
Wie still ist ein Ort, in dem alle wegschauen, wenn diese vielen Schritte durchgehen?
Wie riechen so viele Tage aneinandergereiht, gehend?
Warum hat mein Großvater überlebt?
Und dann, was weiß ich dann mehr?
Herr Kopf sagte: Es ist gut, dass Ihr Großvater lebend davongekommen ist, dass er gegangen ist. Es würde Sie sonst nicht geben.

Und ich sagte: Es gibt nur einen sicheren Ort, und der ist hier. Bleiburg bleibt, alles andere ist unauffindbar. Das Gehen ist nicht greifbar, Herr Kopf.
Herr Kopf schwieg und dann sagte er:
Wir sind hier dem Tod geweiht. Es ist zu viel passiert. Aber wir bemühen uns.
Wie weit kann man gehen? Wie weit soll ich gehen, Herr Kopf?, frage ich noch, als letzte Frage für den Abend.
Und landschaftslos in einer dunklen Ecke sitzend, das dritte, vierte Bier in der Hand drehend, sagte dann Herr Kopf noch eines irgendwann: Niemand kann es für Sie lösen.

Vor diesem Besuch war »Bleiburg« nur ein Wort gewesen, kein Ort, nur eine Lücke, die von Fragen gefüllt wurde, so dass keine Bilder dazu entstehen konnten, kaum Vorstellung, ein Wort, das bisher nur einen Weg und nur jemanden meinte, Großvater und seine Geschichte, und nichts erzählen konnte, ein Wort, das nie einen Taxifahrer, eine Bäckerin, eine Wirtin, herumlungernde Jugendliche am Bahnhof meinte, die über Tattoos sprechen, einen sonnigen Tag kurz vor Ostern meinte, im stillsten Ort, in dem das Wort immer und immer wieder ausgesprochen wird, beiläufig, alltäglich, in dem sogar gefragt wird: Machen Sie Urlaub in Bleiburg?

Ein Wort, das keinen Herrn Kopf kannte, obwohl er jeden Tag jeden Stein hinter dem Wort zu drehen versucht oder wieder hinzulegen. Als käme man so weiter. Weiter wohin?

»Bleiburg« ist ein Weg und führt zu keinem Ort, obwohl ich dahingefahren bin, ausgestiegen und zu einem Feld gelaufen bin, auf dem ein Denkmal steht und schweigt.

Großvater, du fehlst mir. Immer noch.
Noch immer fehlt etwas.

Wir kommen gegen unseren Willen weiter.
Ich glaube, wir kommen voran.
Ilse Aichinger, »Meine Sprache und ich«

Der Großvater und eine ganze Generation haben viel erzählt und noch mehr geschwiegen. Der märchenerzählende Großvater aus Zagreb und seine Generation, vielerorts, »stand unter freiem Himmel in einer Landschaft, in der nichts unverändert geblieben war als die Wolken und unter ihnen, in einem Kraftfeld zerstörender Ströme und Explosionen, der winzige, gebrechliche Menschenkörper«. Dies schrieb Walter Benjamin, viele Jahre vor der großväterlichen Landschaft, in der nichts unverändert geblieben war, über eine Landschaft davor und einen Krieg davor, in »Der Erzähler«. Dann kamen der Großvater und sein Krieg, und das war immer noch lange bevor es mit den Märchen für uns Enkelkinder, die wir erst so viel später diese Landschaft betraten, begann. Und doch war es bei unserem Betreten immer noch dasselbe Leben dieser aller Großväter.

War es das?

In diesem »Kraftfeld zerstörender Ströme und Explosionen« standen sie also da. Wie lange wohl? Sie waren immerhin die Stehengebliebenen.

Und dann, langsam, irgendwann, nicht gleichzeitig, gingen sie wieder weiter. Aber nicht alle. Ein Teil von ihnen ging los, lief und lebte weiter. Doch ein anderer Teil blieb für immer dort, in dieser Landschaft ohne Namen, ohne Dach oder ohne Haus, stehend. Schweigend. Und nur ein Dritter konnte danach über sie schreiben, über ihr Stehen, das blieb, das immer noch bleibt, in jeder Sprache. Jetzt.

Der Teil von ihnen, der losging und lossprach, wieder weitersprach, gebar auch Kinder, und diese wiederum gebaren Enkel, später. Und während sie langsam und stetig weitergingen, wuchsen wir heran. Schneller. Und als sie mit uns sprechen konnten, begannen sie die schönsten Märchen zu erzählen. Ein Glück, dass wir sie Großeltern nannten und keinen Verdacht hegten.

Ich lese in Benjamins »Der Erzähler«, als könnte ich darin ein Geheimnis über den Märchengroßvater finden. Ich lese den Text immer wieder und bleibe genauso immer wieder bei denselben Sätzen stehen. Ich bleibe stets sehr früh, am Anfang des Textes, stehen, bei einer Beobachtung, die vielleicht den Großvater mitmeint?

> Als wenn ein Vermögen, das uns unveräußerlich schien, das Gesichertste unter dem Sicheren, von uns genommen würde. Nämlich das Vermögen, Erfahrungen auszutauschen. Eine Ursache dieser Erscheinung liegt auf der Hand: die Erfahrung ist im Kurse gefallen.

Und kurz danach, eigentlich zeitgleich gemeint, steht:

> Hatte man nicht bei Kriegsende bemerkt, daß die Leute verstummt aus dem Felde kamen? Nicht reicher – ärmer an mitteilbarer Erfahrung.

Wie spricht man, frage ich mich, an dieser Stelle tretend, wenn man »ärmer ist an mitteilbarer Erfahrung«? Wie kann man dann noch sprechen, außer in geklauten Märchensprachen? Oder in ganz anderen Sprachen, vielleicht? Wie sprechen, wenn die Erfahrung im Kurs gefallen ist? Mitten in diesem Krieg scheint sie gefallen zu sein, scheint der Kurs seine Richtung verloren zu haben und wurde zu einem Kurs, für den es keinen Tauschwert mehr gab.

Ein Kurs trägt die Möglichkeit zur täglichen Änderung in sich und ist so – fast salopp gesagt – ein Wert, der auch wieder steigen könnte. Eine sich wandelnde Ursache? Er sollte beweglich und veränderbar sein. So klingt es aber nicht bei Benjamin. Nicht mehr.

Beim wiederholten Lesen scheint es, nur kurz, als würde sich hinter oder in Benjamins Satz noch ein anderer verstecken, unausgesprochen, in einem fast unheimlichen Echoraum: Die Erfahrung ist im Krieg gefallen.

Nach meinem Besuch auf dem Loibacher Feld und bei Herrn Kopf blieb ich sprachlos zurück. Fast sprachverlorener als zuvor. Ich bewegte mich im Netz von Herrn Kopfs Sprache, war vollgesaugt mit ihr und zugleich unfähig, diese Fülle in ein Gleichgewicht mit der fehlenden Sprache und Erzählung meines Großvaters und der Leere in meiner eigenen Geschichte zu bringen.

Das Wort »Feld« stach heraus, stach ins Auge, Benjamin lesend bleibt »verstummt aus dem Felde« und

Herrn Kopf zuhörend: »Bleiburger Feld«, »Loibacher Feld«. Was ich zunächst als eine landwirtschaftliche Fläche gelesen hatte, Feld, wandelte sich durch die Begehung und Begegnung mit dem Ort zum »Kraftfeld«, zum Kriegsfeld. Feld war nicht gleich Feld, war nicht einfach ein Acker in der Landschaft, war nicht Gebiet oder Gelände oder Umgebung. Die Verwechslung lag in der Luft, wie die Sprache über diesem Ort in der Luft lag. Das Feld wurde immer eindeutiger zum militärischen Wort. Zum klar markierten Territorium.

Ein Verein hatte dieses Grundstück bei Bleiburg/Pliberk gekauft, lange her, hatte es sich angeeignet und darauf nur den eigenen Blick, einig mit allen Vereinsmitgliedern, deutlich gemacht. Hatte die vielen Blickrichtungen, die auf einem Feld möglich sind, fokussiert, den Blick gelenkt. Der Verein Bleiburger Ehrenzug oder Počasni Bleiburški Vod wurde 1953 in Klagenfurt/Celovec von ehemaligen Angehörigen der Ustascha und Domobrani angemeldet und genehmigt. Passend zu den zweisprachigen Namen der Umgebung, doch mit anderer Absicht, ist der Verein mit dem zweisprachigen Namen zweimal, sowohl in Österreich als auch in Kroatien, behördlich gemeldet. Größtenteils finanziert von Kroaten im Exil, vor allem aus den USA und Australien, haben sie dieses Stück Geschichte gekauft. Oder haben sie durch diesen Kauf ein Feld zu einem Stück Geschichte gemacht? Eine Geschichte danach benannt? Haben »Feld« und »Bleiburg« neu benannt? Neu erzählt?

Das erste Treffen auf dem erworbenen Vereinsfeld

fand 1955 statt und ab dann jährlich, anfangs noch zu Allerseelen im November.

1964 konnte der Verein das erste Grundstück auf dem Loibacher Feld erwerben, unter der behördlichen Bedingung, dass auf diesem Grundstück nicht gebaut werden dürfe. Also wurden Bäume gepflanzt. Bäume, die heute noch dort stehen.

Später wurden doch Anträge für einen Gedenkstein gestellt. Diese wurden von den österreichischen Behörden zunächst abgelehnt und schließlich unter der Bedingung, dass der »kroatischen Armee« nicht gedacht werden dürfe, erlaubt. Der Gedenkstein wurde 1987 errichtet. Dieser behördlichen Auflage wurde dabei übersetzerisch getrotzt: Die kroatische Inschrift auf dem Gedenkstein stimmt nicht mit der deutschen überein. Während die deutsche Inschrift den Vorgaben entspricht, wird im Kroatischen weiterhin der »kroatischen Armee« gedacht.

Für lange Zeit schien diese Ungenauigkeit in der Übersetzung niemanden zu stören.

Ein Feld also?

1987 war das Sprechen über die Geschehnisse der letzten Tage des Zweiten Weltkriegs zwischen den neu regierenden Partisanen und der alten NDH-Regierung, die sich auf die Flucht begeben hatte, sowie allen Menschen, die mit ihnen auf diesem Rückzug waren, im ehemaligen Jugoslawien tabuisiert. Ein Sprechen darüber war verboten.

Ein Feld also, ausgelagert. Ein Feld wurde gekauft und ein Raum wurde geöffnet für die verbotene Geschichte.

Doch auf einem privat erworbenen Feld kann auch Geschichte privatisiert werden. Sie kann in diesem Raum fast nach eigenen Regeln erzählt werden. Sie wird so nicht im ehemaligen Jugoslawien erzählt und auch nicht ganz in Österreich. Auch wenn sie dort beobachtet und bewacht wird; sie hat einen eigenen Raum gefunden, eigene Regeln. Losgelöst.

Als ob das möglich wäre.

Wer erzählt dort also, auf diesem Feld? Und wo befinden wir uns dort, auf diesem Feld? Was für ein Raum wird geboten?

1987 war ich ein Jahr alt.

1987 war mein Großvater einundsechzig Jahre alt.

Großvater schob meinen Kinderwagen durch Zagreber Stadtviertel und rauchte Zigaretten. Bald danach kamen schon die Märchen.

Was hätte es ihn gekostet, nicht zu schweigen?
Was hätte es uns alle gekostet?
Was ging 1987 in ihm vor?
Was träumte er nachts, über vierzig Jahre später?
Und wie lebte er danach so lange in diesem Land, unter einer Regierung, die ihn mit Zwang wieder zurückgebracht hatte?
Was verbindet ihn mit »Bleiburg«? Und was trennt ihn?
Was verbindet mich damit? Uns? Eine Familie? Was trennt?
Was kostet das Erzählen?

Was hat ihn das Schweigen gekostet?

War sein Schweigen auch ein Raum?
War es ein Schutzraum?
Oder war es ein schwarzes Loch?
Eines, das sich mal besser, mal schlechter stopfen ließ?
Ist Schweigen auch überleben,
weiterleben,
neu leben?
Eine neue Geschwindigkeit im Leben finden?
Sprach er vielleicht sogar mehr als davor?
Sprach er weniger und zugleich mehr?
Sprach er ehrlicher?
Oder sprach er versteckter?
Versteckte er sich hinter seiner neuen Sprache?
Oder lebte er in ihr?
Hat er diesen Teil in sich abgespalten, um –
Um –
Ja was?
Ja wofür?

Er hat weitergelebt.

Meinen Körper, meine Suche, vor allem meine Sprache neben einen anderen Körper, eine andere Suche und eine andere Sprache zu stellen, wie jene von Herrn Kopf, schien plötzlich noch mehr Lücken und Fragen aufzuwerfen. Oder: es kamen weitere dazu. Und im Gesagten, im Erzählten, fanden sich Splitter, die wieder ungenau waren, oder die so klar schienen, so sicher, dass ich dieser Sicherheit, dieser einen Sichtweise, nicht vertraute. Wie also erzählen? Wie eine Erzählweise finden? In welchem Satz stehen wahre Worte? In welchen Sätzen Lücken?

Ich versuchte einen Anfang der Geschichte zu finden, doch landete dabei bei einem ähnlichen Fazit. Die meisten Quellen und historischen Abhandlungen begannen mit Sätzen, die sagten, dass es sich bei diesen Ereignissen um ein europaweit kontrovers diskutiertes Thema handeln würde und es äußerst schwierig sei, diese Ereignisse zu rekonstruieren. Einen wissenschaftlichen Konsens gebe es nicht, er sei erschwert dadurch, dass viele Archivdokumente nicht mehr vorlägen, nicht analysiert oder nicht zugänglich gemacht werden könnten. Die Quellen seien umstritten, oftmals widersprüchlich, und so sei jeder Entwurf nur ein mögliches Bild.

Nun gut, all das hatte das Leben meines Großvaters schon gezeigt, dachte ich, und meine Suche schien auch nicht nur leicht von der Hand zu gehen. Diese Schlüsse schienen mir also etwas zu einfach, zu schnell, da ich sie zwar nachvollziehen, aber nicht als endgültige annehmen wollte. So leicht konnte ich es mir nicht machen.

Ich versuchte also einen Anfang genau dort, wo es so schwer zu sein schien: Ich versuchte den Verlauf der Ereignisse am Ende des Zweiten Weltkriegs in groben Strichen nachzuvollziehen, zu verstehen, wie es dazu gekommen war.

Ich las zum Beispiel in einer kroatischen Publikation aus dem Jahr 2008, in der unterschiedliche Autoren und Autorinnen, unter anderem auch der Historiker Ivo Goldstein, über den Unabhängigen Staat Kroatien (auf Kroatisch Nezavisna Država Hrvatska, NDH) schreiben. Dort steht ganz am Anfange: »Der Unabhängige Staat Kroatien bestand insgesamt nur vier Jahre lang – von seiner Verkündung am 10. April 1941 bis zum Vorstoß der Partisanen in Zagreb am 6. Mai 1945.« Mir fiel auf, dass ich nicht einmal diese Grundpfeiler der Geschichte kannte. Dafür war das Thema dem Schweizer Gymnasium, das ich besucht hatte, zu unwichtig gewesen. Wobei wir den Krieg in den neunziger Jahren sehr genau durchgenommen hatten. Doch eine Verbindung zum Zweiten Weltkrieg hatte damals kein Lehrplan hergestellt, wenn ich das recht erinnere.

»Das NDH-Regime war eines der radikalsten Satellitenregime der Achsenmächte im Zweiten Weltkrieg«, lese ich dort weiter; ein Staat, aufgebaut nach der Struktur des NS-Regimes, angeführt von Ante Pavelić. Die NDH war und blieb aber durchgängig ein okkupiertes Land, die regierenden Ustasche wurden durch die Anwesenheit der deutschen und auch der italienischen Truppen gestützt und überhaupt ermöglicht. Der NS-Ideologie entsprechend, befanden sich über zwanzig Konzentrationslager auf dem neuen Territorium der NDH, das bekannteste unter ihnen war Jasenovac.

Wieder in die deutschsprachige Literatur wechselnd, lese ich bei der in Zagreb geborenen und in Wien lebenden Politikwissenschaftlerin Ljiljana Radonić in ihrer 2010 erschienenen Dissertation »Krieg um die Erinnerung. Kroatische Vergangenheitspolitik zwischen Revisionismus und europäischen Standards« zum Kriegsende:

> Bevor die Jugoslawische Volksbefreiungsarmee am 6. Mai 1945 Zagreb eroberte, hat sich ein Zug aus rund 150.000 Ustascha, Domobranen, zivilen Verwaltungskräften der NDH und Zivilpersonen dem in eine Flucht übergehenden Rückzug der rund 300.000 Wehrmachtssoldaten Richtung Österreich angeschlossen. Hinzu kamen rund 17.000 slowenische Domobranen (Weißgardisten), serbische Tschetniks und rund 10.000 slowenische ZivilistInnen. Den Ustascha und Domobranen war der Rückzug in der Nacht vom 5. zum 6. April zunächst von der Wehrmacht und später von Ante Pavelic (...) befohlen worden. Maks Vjekoslav Luburic, der erste Kommandant des Konzentrationslagers Jasenovac und spätere Oberverantwortliche für alle KZs in der NDH, wurde zum Befehlshaber der kroatischen Armee und des Rückzugs ernannt. Viele, insbesondere jene, die in den Wochen davor zwangsweise zur »Kroatischen Verteidigungsarmee« (HOS) mobilisiert wurden, versuchten, aus der Militärkolonne zu fliehen, liefen jedoch Gefahr, von der Ustascha erschossen zu werden, wenn sie dabei erwischt wurden.

Der Rückzug hatte laut Radonić und weiteren Wissenschaftlern ein Ziel: Um sich vor den jugoslawischen Partisanen in Sicherheit zu bringen, wollte man sich den britischen Truppen in Österreich ergeben. Als die ersten Menschen am 14. Mai 1945 schließlich Österreich erreichten, lehnten die Briten in Bleiburg/Pliberk nach Verhandlungen die Übernahme der Soldaten in Kriegsgefangenschaft ab.

Die Gründe hierfür werden vielfach diskutiert, da unter anderem die britischen Archive mit den dazugehörigen Dokumenten weiterhin verschlossen bleiben. Doch es lässt sich wohl ableiten, dass flüchtende Kollaborateure von den Alliierten nirgends mit offenen Armen empfangen wurden. Warum hätte das in Bleiburg der Fall sein sollen?

Zugleich müssen die Briten, die Kärnten besetzt hatten, von der Menge an Menschen, die in Richtung Österreich kam, überfordert gewesen sein; keiner hatte damit gerechnet, vor allem nicht, dass diese noch bewaffnet sein würden. So wurde von britischer Seite erklärt, dass sich die kroatischen Streitkräfte nur bis zu einer festgelegten Demarkationslinie auf dem Bleiburger Feld bewegen dürften.

Die Verhandlungen wurden mit dem britischen General Patrick Scott und Vertretern der Jugoslawischen Volksarmee geführt.

Die Ablehnung dieser Verhandlungen seitens der Briten führte zu einer bedingungslosen Kapitulation aller Menschen, die auf dem Weg nach Österreich waren, zur Übergabe an die jugoslawische Volksarmee und zu einer Rückführung der Gefangenen. Die meisten befanden sich zu dem Zeitpunkt noch in Slowenien, hatten die österreichische Grenze gar nicht erreicht. Die Jugoslawische Volksarmee nahm Soldaten und Zivilisten in Gefangenschaft, der Marsch drehte seine Richtung und der Weg führte wieder zurück dorthin, woher die Menschen gekommen waren. In jenes neue Land, das sie unbedingt zurücklassen wollten.

Dieser Zwangsmarsch zurück verwandelte sich in einen gewaltvollen Rückweg, geprägt von Bestrafungen, Vergeltungsmaßnahmen, Hunger und Gewalt; von unzählbaren Tötungen ohne Verfahren. Wer dies alles überlebte, wurde meist in ein Arbeitslager gebracht.

Großvater hat überlebt.

Es ist nicht der Inhalt, der ungreifbar wäre, er lässt sich doch recht chronologisch und nachvollziehbar erzählen, schien mir nach vielfacher Lektüre über diese Ereignisse. Auch wenn er, wie alles Gewaltvolle, mir unbegreiflich scheint. Es ist viel mehr der Umgang damit, damals genauso wie heute, der öffentliche Diskurs, die Sprechweise, die Erzählweise, welcher Teil ist verboten, welcher wann erlaubt, was wird groß und was wird klein gemacht.

Ich las weitere Zeitungsartikel, Berichte, Geschichtsbücher, die über Inhalte von Lehrbüchern im ehemaligen Jugoslawien berichten, in denen kaum ein Satz über diese Ereignisse zu finden ist. Ich erhielt britische Kriegsprotokolle. Und ich beschloss irgendwann, dass ich wieder mit jemandem sprechen musste, jemandem gegenübersitzen musste, ich suchte den Kontakt von Ljiljana Radonić im Internet, es war naheliegend, da sie ebenfalls in Wien wohnte und arbeitete.

Radonić wurde 1981 in Zagreb geboren, wir sind fast gleich alt, eine Generation, geboren im ehemaligen Jugoslawien, aufgewachsen und zur Schule gegangen im deutschsprachigen Raum. Wir trafen uns sieben Jahre, nachdem sie ihre Dissertation publiziert hatte.

Bei unserem ersten Treffen in einem Kaffeehaus, als ich sie frage, warum sie zur Erinnerungspolitik zu »Bleiburg« und Jasenovac forsche, antwortet Ljiljana Radonić ziemlich schnell, dass das alles nichts mit ihr zu tun hätte. Das sei ein rein politisches und akademisches Interesse. Sie habe erst später erfahren, dass es auch jemanden aus ihrer Familie betroffen habe. Und ich sitze dort, in Großvaters Schweigen gehüllt, in meine Familiensprache gepackt, in all meine Fragen verstrickt, die keiner beantworten kann, in alle Narrative, die ich neu überdenken muss, sogar Herrn Kopfs Sprache spüre ich überall im Körper, alles verbunden, alles verknotet, und denke: Ich wünschte, ich könnte zumindest ein wenig sagen, es habe nichts mit mir zu tun.

Auf meine Frage, worum es ihr grundsätzlich bei ihrer Dissertation in Bezug auf die Ereignisse bei Bleiburg gehe, sagt Radonić: »Das Buch heißt auch ›Krieg um die Erinnerung‹, weil ich sagen würde, dass die

Deutungen und die Reaktivierungen der Feindbilder aus dem Zweiten Weltkrieg eine entscheidende Rolle gespielt haben für die Radikalisierung der jeweiligen Nationalismen im Jugoslawienkrieg. Ich habe mit meiner Zeitungsanalyse 1985, also mitten im zerfallenden sozialistischen Jugoslawien angefangen. Und da war es klar, dass das Wort ›Bleiburg‹ erstmal überhaupt nicht vorkommt. Und dann, schlagartig, mit dem Zusammenbruch Jugoslawiens, mit dem Unabhängigkeits-Werdungs-Prozess der Republiken ist das sofort massiv da. Während Bleiburg also vorher tabuisiert war, findet in den neunziger Jahren, im autoritären System unter Tudjman, eine Umkehrung statt und man darf dieses staatsbegründende Bleiburg-Narrativ nicht mehr infrage stellen. Es gab in den Neunzigern genau eine Zeitungsmeldung, wo jemand gegen diese Art, über Bleiburg zu sprechen, protestiert hat.«

Und während ich Ljiljana Radonić zuhöre, höre ich zugleich andere Stimmen in mir, Stimmen, die ihr widersprechen: So würden wir das aber nicht sagen, rufen diese Stimmen, »autoritäres System unter Tudjman«, eine Frechheit, sagen diese Stimmen, aus Kroatien sprechend, von Küchentischen und aus Wohnzimmern zu mir sprechend, während das Mittagessen gekocht wird, zum Glück folgte eine Umkehrung, sagen sie, zum Glück –

Als Kind eines postsozialistischen Landes, das seinen Wechsel nicht nur ökonomisch erfuhr, sondern in einer gewaltvollen Abgrenzung zur alten Staatsmacht, bin ich, ob ich will oder nicht, geprägt durch diese oft radikale, also mit schweren Wurzeln versehene, von Grund auf mit sich einige, nationale Identitätsfindung.

Auch hier ein bestimmtes Flüstern im Ohr: Übertreib doch nicht. Außerdem, du warst ja nicht da. Du lebst hier doch gar nicht.

Aber so geht es mir, flüstere ich zurück. So geht es mir, auch wenn ich nicht da war. Nicht im Krieg. Nicht danach. Nie im Alltag. Nie nehme ich teil am täglichen Leben, nie teile ich viel mehr als ein paar wenige Tage mit den Menschen dort. Auch wenn ich weit weg davon, in der Schweiz, aufgewachsen bin, bin ich doch immer dort. Ich bin so sehr dort, in Netzen und Sprachen und Menschen und Leben verwickelt. Und somit geprägt. Somit schreiben sich eben auch Gewalten und Sprachen und Tabus ein, auch wenn ich denke, oft, dass sie mich nicht betreffen können. Dass die Distanz mich in einem gesunden Sicherheitsabstand hält. Doch welche Distanz? Wie viel Distanz ist Abstand? Und wie viel Distanz schafft noch mehr Nähe?

Ich fange an, »Krieg um die Erinnerung« zu lesen, als eines der wichtigsten Dokumente meiner Recherche, als einen Blick, der von heute aus schaut und sucht, der untersucht, wie Tabus entstehen, wie nicht aufgearbeitete Ereignisse zu politisch Explosivem werden, wie sie starr werden, Knoten, die nicht in Bewegung kommen, Knoten, die zu Mythen werden anstatt zu Ereignissen, über die informativ und aufgeklärt gesprochen wird. Dieser Blick ist mir nahe und neu zugleich; ich verstehe ihn und doch habe ich ihn selten davor gehört. Eine Nähe, die eine neue Distanz zum bisher Nahen aufbaut?

Wie Radonić sagt und schreibt, war der Krieg in den neunziger Jahren im Wesentlichen eine Reaktion auf die Tabus und Konflikte, die seit dem Ende des Zweiten Weltkriegs in Jugoslawien herrschten. Dementsprechend wurden durch diesen Krieg auch die Vergangenheitsnarrative transformiert. So ging es bei der Staatsgründung Kroatiens nach dem Krieg nicht nur um eine Abgrenzung zum sozialistischen Jugoslawien, sondern zugleich auch um eine Kontinuitätssuche zum Narrativ des unabhängigen Kroatien, und dabei wurde, vor allem direkt nach dem Krieg, oft ein Linie zu den vierziger Jahren und zur NDH gezogen. Dies geschah als Reaktion auf die jahrelangen Tabus und Unterdrückungen von bestimmten Teilen der Geschichte in Jugoslawien. So besagte der antifaschistische Gründungsmythos des sozialistischen Jugoslawien, dass die gesamte Schuld- und Täterfrage auf die nicht-kommunistischen Gegner geschoben wird. Im Bezug auf die Ereignisse bei Bleiburg wurde die kollektive Schuld ausschließlich den faschistischen Anhängern der NDH zugeschrieben, während die Taten der Partisanen, die unzähligen Ermordungen und Verschleppungen auf dem Territorium Jugoslawiens, die alle ohne Verfahren an den Menschen, die aus der NDH weggegangen waren und in Gefangenschaft der Jugoslawischen Armee kamen, getätigt wurden, in der kollektiven Erinnerung verdrängt und verboten wurden.

Was ich darin verstehe, in Worten lesend und findend, ist etwas, was ich lange schon spürte: Eine Erzählung voller Schweigen staut sich auf und setzt sich fort. Eine Erzählung voller Verbote provoziert Konflikte. Verwandelt Schweigen in Gewalt. Verwandelt Gewalt in Geschichte. Verbietet wieder. Und wieder. Schweigt. Wieder und wieder. Wird laut und eindeutig. Eine Deutung. Keinen Deut anders.

Die Erzählung und Erinnerung an »Bleiburg« wurde Anfang der neunziger Jahre zu einem Negativbild gedreht, lese ich bei Radonić und in anderen Texten. Und frage mich: Wie kann ein Negativbild zu einem Ereignis entstehen, für das es davor kein Bild gegeben hat? Welches Bild beginnt damals überhaupt zu entstehen? Ein negatives? Oder ein überaus positives? Lassen sich solche Bilder überhaupt benennen, bewerten?

Fast ohne kritische Betrachtung wurde die NDH in den neunziger Jahren als letzte unabhängige Form Kroatiens wiederbelebt, oft wurden dabei die politische Radikalität und die tatsächlichen Abhängigkeiten dieser Zeit nicht benannt. Seine Zuspitzung fand dieses Narrativ wohl 1995, als die Gedenkfeier durch die damals regierende nationalkonservative Partei HDZ inhaltlich erweitert wurde, für »alle für Kroatien Gefallenen«, womit auch die Toten und Gefallenen des Krieges der neunziger Jahre plötzlich mitgemeint waren. So schienen das gegenwärtige Kroatien und jenes der NDH zu verschmelzen.

Dies war, wohlgemerkt, die erste Reaktion nach dem Krieg, die sich dann über die Jahre verfeinerte, komplexer wurde, durchlässiger auch.

Diese Umkehrung also, die so wenig Öffnung zulässt, sondern wieder einen exklusiven und autoritären Blick einnimmt, prägt – prägt sogar in den Ferien, im Sommer, an Weihnachten, drängt sich in die Poren, in die Sprache, ins Gespräch, dringt ein, prägt sich ein, durch Zeitungen und Familiensprache, durch ebenjene Tabus, die sich ins Private weiterziehen, weiter drücken, weiter blockieren. Prägte auch mich.

Und der Großvater?

Ja, er hat vor allem geschwiegen. Und doch scheint die Familie Fragmente zu wissen, zu kennen, lässt ab und an etwas anklingen. So wird gesagt, dass er Mitglied der Katholischen Jugendvereinigung Marijina Kongregacija in Osijek gewesen sei. Katholizismus und die kroatische nationale Identität waren damals wie heute eine bindende Einheit. Es wird auch gesagt, dass der Teil der Ustascha-Jugend gewesen sei. Wie so viele damals, sagen sie.

Der Großvater hat in beiden Systemen gelebt und kein Wort gesagt.

Welche Geschichtserzählung hätte er gewählt?

Was hat er wegen Jugoslawien verweigert zu sagen?

Und danach?

Großvater las jeden Tag die Zeitung.

Was dachte er über das Denkmal und die Gedenktreffen, wenn über diese nach dem Zerfall Jugoslawiens in der Zeitung berichtet wurde?

Großvater, ist »Bleiburg« je ein Wort in deinen Kreuzworträtseln gewesen? Musstet du es mit deinem Bleistift buchstabieren? Plötzlich, in der Tageszeitung?

Großvater, ein Wort!

Und was suche ich?

Eine gute recherchierte Geschichte?

Was will ich eigentlich hören?

Was hätte ich denn gern vom Großvater gehört, könnten wir heute, als Erwachsene, miteinander sprechen?

Eine gut erzählte Geschichte?

Würde ich nachhaken? Was würde ich ihn fragen?

Was würde ich mich trauen zu fragen?

Und würden diese Fragen immer die gleichen sein?

Oder würden sie sich, je nach Tageszustand, je nach Situation, verändern?

Auch jetzt ändern sie sich, von Tag zu Tag, verändern sich, je nach Zustand, nach Tageslage, nach Gesundheitslage, an guten Tagen bin ich bereit, immer und immer wieder neue Gesprächspartner zu suchen, eine Art hilflosen Ersatz für den Großvater zu suchen; bin ich bereit, immer wieder neue Fragen zu stellen und die Antworten zu hinterfragen, meine bisherige Familiengeschichte immer wieder neu zu befragen; an schlechten Tagen werde ich zögernd, diplomatisch, versuche es allen recht zu machen, versuche für alle – für den Großvater, für die Familie, für die Geschichte, für zwei

Kriege – zu schreiben, anstatt für mich, versuche Kompromisse zu finden, stelle viel zu vorsichtige Fragen und suche Antworten, die niemandem Unrechtes tun, was nur zur Verzweiflung führt, was bei diesem Ereignis und überhaupt unmöglich ist und auch unmöglich bleiben soll; Großvater, ich suche dich, weil ich dir so nahe war, weil du mir nahe warst, ich möchte diese Nähe durch diese Suche nicht verlieren, sondern verstärken, doch ich weiß nicht, ob und wie mir das gelingen wird, und verzweifle daran, von Tag zu Tag.

In mir teilen sich meine Sprachgebiete plötzlich und so hart wie sonst selten. Sie bauen sich auf, in einer Spannung, die kaum auszuloten ist. Meine Sprachgebiete beginnen sich ungefragt zu teilen, in die zwei Sprachen und ihre zugewiesenen Orte. An jedem Ort liegen, plötzlich, andere Möglichkeiten, Geschichten zu erzählen. Und andere Unmöglichkeiten. In ihnen liegen Wut und Scham, Wissen, Unwissen und ein jeweils ganz anderes Verhältnis. Sie lassen mich kaum dazwischen greifen, geben mir kaum Raum, kaum Lücken, eine eigene Erzählweise zu finden, vielleicht auf Deutsch, aber nicht in einem Deutsch, das schon immer da gewesen wäre, sondern in jenem, das in mir immer weiterwandert, getragen von allen Geschichten, die von dort kommen, die dort in Schichten liegen und abgetragen werden wollen. Wohin?

Im Kroatischen herrscht die Sprache und beherrscht eine dauerhafte Wunde, die schon so lange existiert, länger, als es mich gibt. Die in mir weiter dauert. Eine Wunde, die genau an dieser Stelle, an der sprachlich und inhaltlich seit Jahrhunderten erbittert gekämpft wird, eine Grenze markiert. Um Erinnerung. Um Territorium. Es scheint eine verletzte Sprache zu sein, die zu einer verletzenden geworden ist und darin zu einer Sprache der Grenzen. In all ihrer strukturellen Labilität, die seit Jahrzehnten und Jahrhunderten da ist, zwischen all den Kriegen und den sich darin verschärfenden nationalen Identitäten wird immer und immer wieder eine stabile, klare und eindeutige Struktur behauptet. Wie soll da für eine solche Grenzgeschichte eine angemessene Sprache gefunden werden? Doch es soll. Es muss sogar. Auch wenn es umdenken bedeutet, umdeuten. Es bedeutet, vermeintliche Verwechslungen aufzulösen, um die Knoten darin zu lösen. Um die Wörter, die nicht immer das meinen, was sie sagen, klarer zu hören, zu verstehen. Um sie aus ihrer starren Wahrnehmung herauszuheben. Um sie fein und verletzlich zu machen, um sie angreifbar zu machen, kritikfähig und auch fähig zur Scham, zur Wut, zu einem Hinschauen dorthin, wo es tatsächlich schmerzt.

Ich bin damit aufgewachsen, dass Kroatien nach Unabhängigkeit strebt. Und dass somit, in Schlussfolgerung, der »Unabhängige Staat Kroatien« während des Zweiten Weltkriegs, nach der K.-u.-k.-Monarchie, nach dem Königreich Jugoslawien und vor dem Jugoslawien Titos, der »einzige« Moment in der jüngeren Geschichte ist, in dem Kroatien unabhängig war. So wird »unabhängig« zum fahrlässig blinden Fleck der Sprache, zum Bestreben, koste es, was es wolle. Zum unantastbaren Wort.

Ich bin damit aufgewachsen, dass mir immer wieder gesagt wurde, dass das Wappen, bei dem das erste Feld auf dem Schachbrett weiß ist, ein uraltes Wappen Kroatiens sei und somit »befreit« werden müsse von seiner ideologischen Symbolisierung durch die Ustascha. Auch hier scheint ein unantastbares Feld zu sein, denn dieses Wappen mit dem weißen Quadrat am Anfang wird heute noch auf den Märkten in Kroatien an manchen Ständen zum Verkauf geboten. Dass die Ustascha das einfach nicht kaputtmachen konnten, so wird gedacht und gehofft und erzählt. Doch die NDH hat sich dieses alte Wappen angeeignet, sie hat es zu einem faschistischen Zeichen erhoben, und auch wenn genau dort der Schmerz liegt, ist dies nicht mehr anders zu erzählen. Ist es nicht mehr wegzuerzählen. Und wenn dieses uralte Schachfeld mit dem ersten weißen Quadrat auf einem Stein am Loibacher Feld eingraviert ist, so kann es in diesem Kontext nicht mehr anders gelesen werden.

Auch wenn das hier so nachvollziehbar wirkt, klar in der Erklärung und leicht aufgeschrieben, kostet es Kraft und braucht ein Verstehen, dass es nicht selbstverständlich ist. Dass es so lange schon mitgetragen wird in der Sprache und dass es daher, wie Ljiljana Radonić schreibt, einen sprachlichen »Krieg um die Erinnerung« gibt.

Im Deutschen wiederum muss häufig vieles erklärt werden zu diesem Thema, es muss erzählt werden, es ist nicht Teil der eigenen, kollektiven Geschichtserzählung, es ist kein Schulstoff, kein Familienstoff wie zum Beispiel in Kroatien. Im Deutschen, vor allem in der Schweiz, befinde ich mich in einer Sprache, die »Bleiburg« weniger oder fast nicht kennt und in der etwas unbekümmerter die Möglichkeit besteht, eine Beschreibung zu wagen. Eine Er-Schreibung. Nur schon Großvater zu sagen anstatt *deda* erzeugt einen Abstand, einen Blick auf das Vertraute aus der Ferne. Vielleicht ein guter Ort, um eine Annäherung zu beginnen.

Häufig stolpere ich über diese Tradition des Erzählens hinter den Begriffen, diese andere Tradition und Referenz von Schweigen und Ver-Schweigen. Diese zu übersetzen ist ein Prozess, den ich schreibend und lesend langsam verstehe und vor allem auch nicht verstehe. Ist das Schweigen von einer Sprache, von einem Sprachraum übertragbar in einen anderen? Wie verändert sich dieses Schweigen? Wie kann ich dieses Schweigen sprechen lassen, ohne ihm das Gewicht zu nehmen, ohne es einfach auszulagern? Wie das Feld und mit ihm eine gesamte Geschichtserzählung ausgelagert wurden –

Und so suche ich weiter. Ohne zu wissen wonach. Oder nach wem.

Ich verbringe Abende im Internet, sitze vor der Google-Maske und tippe Wortkombinationen, suche nach Wegen, die sich öffnen könnten. Es scheint, als würden sich, je länger man denselben Begriff bei Google eingibt, immer weitere Räume öffnen und Menschen und Adressen hervorkommen, als hätten sie darauf gewartet, dass man beharrlich bleibt; als hätten sie sich erst zeigen wollen, wenn sie sicher waren, dass man es ernst meint.

Ich tippe Details und Begriffe ins Internet und komme mir dabei immer wieder auch unerklärlich lächerlich vor.

Ich tippe:

»Bleiburg + Osijek« ein, die Stadt, aus der mein Großvater kam.

Oder »Bleiburg + junger Mann«.

Oder »Bleiburg + Marijina Kongregacija«, die katholische Jugendgruppe, der mein Großvater angehörte.

»Osijek + Todesmarsch.«

Irgendwann stoße ich auf die Homepage von Herrn Skakač.

Ich lese die Biografie immer wieder, um sicherzugehen, dass ich mich in der nächtlichen Übermüdung nicht verlesen hatte. Herr Skakač ist nur ein Jahr vor meinem Großvater in derselben Stadt in Kroatien, in Osijek, zur Welt gekommen. Seine Wege am Ende des Zweiten Weltkriegs schienen, zunächst, die gleichen gewesen zu sein. Und er lebte, immer noch, und zwar in meiner Nähe: bei Salzburg.

Herr Skakač und seine Frau laden mich zu sich nach Hause ein. Ein halbes Jahr nach meinem Besuch in Bleiburg/Pliberk fahre ich nach Salzburg. Es ist später November, kühl, feucht. Vom Salzburger Bahnhof nehme ich einen Bus und fahre aus der Stadt hinaus, die Straßen werden breiter, die Berge sind überall sichtbar, ich steige aus in einem Viertel mit schönen Häusern und Villen.

Ich klingle bei Herrn und Frau Skakač, ihr Haus steht auf einem Hügel unter Kastanien, genau so, wie es Herr Skakač am Telefon beschrieben hatte. Ich habe ein Aufnahmegerät und Blumen für Frau Skakač dabei. Ich werde einladend auf Kroatisch begrüßt, Herr Skakač steht am oberen Ende einer großen Wendeltreppe und winkt, ich kann nicht mehr hinunterkommen, ruft er und scheint sehr aufgeregt zu sein. Ich bin es auch.

Herr Skakač ist bei unserem Treffen 91 Jahre alt. Adrett angezogen, in eleganten, warmen Stoffhosen mit Bügelfalte, Hemd und warmer Wollweste. Nur die Füße in dicken Socken passen nicht zur Kleidung, Herr Skakač trägt keine Schuhe. Frau Skakač mit Dauerwelle und Rock, nur wenige Jahre jünger, bleibt stets an seiner Seite in dem großen Haus, aus dem Wohnzimmer überblickt man einen Garten, gut gepflegt, bis vor Kurzem noch in Frau Skakačs Hand, doch das schaffe sie nun nicht mehr. Das Haus selber ist elegant und auch reich eingerichtet, es ist das Museum eines Lebens, das auf der gesamten Welt stattfand: Vasen und Masken, Tierköpfe und weitere besondere Gegenstände erzählen von den Jahren, in denen das Paar in Kenia und im Sudan gelebt hat. Beide sind für ihr hohes Alter voller mentaler Energie, Herr Skakač, der Ältere von beiden, erscheint sogar kraftvoller als seine Ehefrau. Ihre Körper erzählen jedoch von sehr viel Zeit, die sie erlebt haben.

Herr Skakač will und kann und möchte unbedingt erzählen.

Herr Skakač hat aufgeschrieben, was er damals und überhaupt in seinem Leben erlebt hat. Alles, sagt er, noch am Telefon. Ich musste einfach. Die Texte sind auf Kroatisch und Englisch im Internet zu finden.

Nach einem ersten Kaffee gehen wir in sein großes Arbeitszimmer mit Blick auf den Garten und sitzen, er auf seinem Lederstuhl, ich gegenüber in einem etwas kleineren Stuhl, an seinem Arbeitstisch aus schwerem, dunklen Holz. Ich schalte mein Aufnahmegerät ein und Herr Skakač erzählt, wach und klar und ausführlich. Wir sprechen Deutsch miteinander, damit ich die Aufnahmen leichter für meine Recherchen und das Theaterstück verwenden kann. In den Pausen und immer wieder dazwischen sprechen wir Kroatisch.

Ich höre zu, wie er von seiner Kindheit und Jugend in Osijek erzählt. Er wurde in Stockerau zum Domobran (Kroatische Heimwehr) ausgebildet und trat Ende 1944 als Unterleutnant in eine Kampfeinheit der Domboran in Osijek ein. Als Teil dieser Einheit ist er im April 1945 beim Rückzug der Regierung des Unabhängigen Staates Kroatien angetreten.

Ich erinnere mich an die Dissertation von Ljiljana

Radonić, in der sie schreibt, dass der Rückzug ein Befehl gewesen sei. Es ließ mich beim Lesen schon nachdenken, ob sich irgendjemand diesem Rückzug freiwillig angeschlossen hätte. Ich konnte es nicht glauben. Auch nicht, dass Zivilisten freiwillig mitgegangen seien. Mitten im Krieg, unbewaffnet? Schien nicht alles ein Befehl gewesen zu sein? Herr Skakač war damals ein Offizier. So habe er den Rückzug an die österreichische Grenze mitgemacht, ebenso wie die Rückkehr nach Kroatien in der Gefangenschaft der Jugoslawischen Volksbefreiungsarmee.

Und der Großvater? Der wohl denselben Weg gegangen war und ebenfalls in Gefangenschaft zurückkehrte? Wer war er gewesen, damals, 19-jährig? Ein Mitläufer? Ein richtiger Idealist? Überzeugt? Gezwungen? Hoffnungsvoll? Hoffnungslos? Kämpferisch? Ängstlich? Wie ist er mitgegangen damals?

Ich höre weiter zu, Herr Skakač spricht und spricht, ich kenne die Geschichten aus seiner Niederschrift, nun höre ich sie am späten Vormittag, seine Stimme ist klar, auch laut teilweise, es scheint zwingend zu sein zu erzählen. Ich saß auf einer Kanone, auf diesem Marsch, sagt er, auf einer Kanone mein Bataillon verteidigend, als ich von der Kapitulation und dem Kriegsende erfuhr. Wir blieben bewaffnet, wir gingen weiter, sagt er, wie alle anderen, was hätten wir denn tun sollen.

Und ich frage: Wer sind die anderen?

Alle um mich herum, alle waren bewaffnet, sagt Herr Skakač.

Doch die Kapitulation forderte eine Niederlegung der Waffen.

Was hätten wir denn tun sollen?, wiederholt Herr Skakač.

Ljiljana Radonić schreibt, dass ab dem 11. Mai heftige Kämpfe mit den nachrückenden Partisanen ausbrachen, dass dic Kolonnen umzingelt wurden.

Herr Skakač spricht von Verteidigung. Von Luftangriffen, die sein Pferd umbringen. Bis er am 15. Mai bei Slovenj Gradec, in Slowenien, schließlich die Waffen und die Uniform niederlegt und sich in die Kriegsgefangenschaft der Jugoslawischen Armee begibt.

Bis Bleiburg sei er gar nicht gekommen, sagt er, wie die meisten, die Kolonne sei kilometerlang gewesen. In Bleiburg sei auch nicht viel passiert, sagt Herr Skakač, das sei einfach ein Name geworden, den sie nun symbolisch für alles nehmen, dabei werden so viele andere Orte vergessen.

Welche Orte?, frage ich.

Er scheint mich nicht zu hören.

Ich verstehe, dass er den gesamten Weg von Kroatien an die österreichische Grenze meint, dass er den Ort meint, der seine Kriegsgefangenschaft bedeutet hat, dass er den Weg meint, den er gegangen ist, dass er das Arbeitslager meint, in das er gekommen ist.

Gegen Mittag erzählt Herr Skakač, wie er den gesamten Weg, heute oft »Todesmarsch« genannt, in Gefangenschaft der Jugoslawischen Volksarmee wieder zurückgeht, nun in das neu gegründete Jugoslawien. Rückführung der Kriegsgefangenen zu Fuß, in Fünferreihen. Bei Celje, in Slowenien, hat er seine Stiefel verloren. Oder »getauscht«, wie die Soldaten das nannten. Er erzählt, wie ein bewaffneter Soldat der Jugoslawischen Volksarmee während einer Pause zu ihm kam und sagte: »Komrad, lass uns tauschen!« Dabei zeigte er auf meine Stiefel, auf meine ersten Stiefel, sagt Herr Skakač aufgelöst zu mir, die ersten Stiefel, die ich je bekommen hatte, stell dir das vor, da wird man wie ein Kind, und dazu die Angst: Was nun? Wie nun weitergehen?

Er habe keine Wahl gehabt, der Mann hatte ja ein Gewehr. So zog er seine Stiefel aus und plötzlich war er nur mehr in Socken. Im Tausch bekam er die alten Bauernschuhe des Soldaten, die erstens zu klein waren und zweitens nur noch aus der vorderen Hälfte bestanden. Meine Stiefel sind gute Schuhe gewesen, fest und gut, sagt Herr Skakač, und so ging ich ab da barfuß. Noch 15 Tage und fast 500 Kilometer standen vor uns ab Celje.

Frau Skakač ruft zum Mittagessen. Wir stehen langsam auf, die Sätze hallen nach, wir erinnern uns, dass wir in Salzburg sind. Herr Skakač wird vor meinen Augen wieder zum alten Mann, der er ist. Durch sein Erzählen ist er zwanzig Jahre alt gewesen, vor mir sitzend, war jünger als ich, in einer anderen Zeit. Nun steht dieser Mann vor mir, der schwer geht. Die Füße sind in dicken Wollsocken verpackt. Er sagt zu mir, dass er die Sohlen seit damals nicht mehr spüre. Socken seien besser als

Schuhe, dann spüre er wenigstens die Härte des Bodens wie einen Druck gegen die Fußsohlen.

Ich muss daran denken, wie schwer der Großvater seit immer gegangen ist. Und wie die Großmutter immer zum Abendessen rief. Wie sie ein Auge auf ihn hatte, immer, ihn ganz nah bei sich hielt, auch wenn er uns nichts erzählte, niemals so erzählte, wie Herr Skakač das nun schon bereitwillig mehrere Stunden getan hatte; doch wir waren Kinder gewesen. Kleine Kinder, die mit ihm spielen wollten. Irgendetwas an Frau Skakač erinnerte mich plötzlich an die Art und Weise, wie meine Großmutter sich um den Großvater gekümmert hatte, ihn immer bewacht hatte. Wie sie ihm bestimmt auch zugehört hatte, denn ich gehe davon aus, dass er mit ihr darüber gesprochen hatte.

Wir sitzen zu dritt in der Küche, an einem kleinen Tisch, es gibt Suppe aus der Tüte und danach Hühnchen mit Kartoffeln. Herr und Frau Skakač erledigen noch fast alles selber, doch ganz langsam, ganz vorsichtig, ich versuche unaufdringlich zu helfen. Die Spannung, die Herrn Skakač beim Erzählen hält, ist von ihm abgefallen, seine Hände zittern leicht. Ich traue mich in Anwesenheit seiner Frau nicht weiter über das Damals zu sprechen. Wir essen, tauschen ein paar Kleinigkeiten aus, es ist ruhig, wir sind uns fremd, wir kennen uns nicht. Insgesamt fragen sie mich wenig, zeigen kaum Interesse an mir oder wissen nicht, was in einer solch unerwarteten Begegnung zu fragen. Fragen nicht, warum ich da sei, warum ich nach dieser Geschichte suche. Sie suchen nicht mehr. Herr Skakač hat seine Geschichte notiert und damit abgeschlossen; er und Frau Skakač sind sozusagen fertig damit. Und von mir brauchen sie eigentlich nichts. Brauchen keine Erzählung und keine weiteren Fragen der Nachfahrin, der suchenden Enkelin; brauchen nur jene Fragen von ihr, die sie schon kennen, um ins Erzählen zu kommen. Warum wollen die Älteren so selten den Blick der Jüngeren auf die Zeit, die sie erlebt haben? Warum entsteht bei diesen Geschichten so selten ein tatsächliches Gespräch? Und warum beharre ich nicht mehr auf jenen Fragen, denen Herr Skakač elegant ausweicht oder die er nicht hört? Warum kein Gespräch, sondern eine fertige Geschichte?

Vielleicht fragen sie sich doch ein wenig, warum ich jetzt mit ihnen in dieser Küche sitze, doch sie lassen mich das nicht wissen.

Nach dem Mittagessen kehren wir zurück ins Arbeitszimmer und bewegen uns wieder zusammen in einer Zeit und Erzählung, die ich nicht kenne und bei der ich Herrn Skakač, der ein sehr klarer und bestimmter Erzähler ist, folge, und wenn ich seinen Wegen nicht nachgehen will, stelle ich Fragen.

Ich frage Herrn Skakač, warum und wann er alles aufgeschrieben habe, und er sagt, seine Enkelin habe zu ihm gesagt: Deda, du hast doch so vieles aus deinem Leben aufgeschrieben, eure Aufenthalte im Sudan, in Kenia in den sechziger Jahren, das Leben danach, schreibst du auch deine Erlebnisse im Zweiten Weltkrieg auf? Und das habe er dann getan. Für ihn sei es aber nicht mehr gefährlich gewesen, da er seit den siebziger Jahren die österreichische Staatsbürgerschaft hatte. Dennoch publizierte er die Texte erst 1999 auf Kroatisch. Davor auf Englisch.

Und ich bleibe beim Wort »Deda« hängen.

Wir trinken Tee.

Nach insgesamt 16 Tagen und 555 Kilometern zu Fuß und in Gefangenschaft erreicht Herr Skakač Osijek wieder. Beim Bahnhof von Osijek kommt ihm seine Mutter entgegen, er sieht sie, sie sieht ihn, und ich frage mich, was sie gesehen hat, damals, wie sie ihren Sohn gesehen hat, als er nach diesem Fußmarsch, fast nackt, barfuß, ausgehungert zurück in die Stadt kommt, um von dort aus in ein Straflager gebracht zu werden. Sie habe ihm eine Art Vitamintablette gebracht, sagt er und lacht fast ob dieser Absurdität, ob dieser hilflosen Begegnung –

Herr Skakač unterbricht sich und auch meine Gedanken und sagt plötzlich: Ivna, es ist für mich immer noch offen, warum es möglich ist, dass ich mit dir heute darüber reden kann.

Ich horche auf, diese Frage ist die erste Frage, die er stellt. Der erste Satz, der nicht schon von ihm niedergeschrieben wurde, den ich nicht schon vor dem Gespräch gelesen habe. Eine Öffnung. Ich wage nicht nachzuhaken.

Einen Moment lang ist es still, und dann erzählt er weiter, wo er zuvor stehen geblieben war, ja, ich darf nicht vergessen zu erzählen, als die Mutter mich dann sah …

Frau Skakač kommt ins Zimmer, ihr sei schwindlig, es würde jetzt langsam reichen, es gebe bald Abendessen, sagt sie, als käme ihr Schwindel von unserem Sprechen und als wäre das Abendessen nicht um eine Minute zu verschieben. Als würde sie, durch die Taktung des Tages, das Maß regeln, das Maß an Vergangenheit, das Herr Skakač vertrug, dass ihn lebend durch den Tag kommen ließ. Sie war seine Uhr, sie war seine Zeit, die in die Gegenwart rief, die zum Essen rief. Während ich nach der Geschichte rief.

Nachdem sie das Zimmer wieder verlassen hat, sagt Herr Skakač, seine größte Frage nach diesen Erlebnissen sei immer gewesen, ob er je wieder ein Mensch sein könne. Ob er eine Familie haben könne. Ich war zerstört, sagt er. Der Körper war weg. Der Geist war auch weg. Meine Frau hat mich wieder zum Menschen gemacht.

Dann steht er auf und ich verabschiede mich. Es ist Abend geworden und ich habe einen ganzen Tag mit Herrn Skakač verbracht, über sieben Stunden haben wir gesprochen.

Nach einigen Tagen, als ich wieder zurück in Wien war, ging es mir nicht aus dem Kopf, wie Herr Skakač erzählte, dass viele Soldaten bei der Kapitulation versucht hätten, ihre Uniformen zu verstecken, oder die Uniform derer genommen hätten, die in einer weniger hohen Stellung, weniger radikalen Armeeeinheit gewesen seien. Von

Ustascha zu Domobran, von Domobran zu einfachen Soldaten. Denn die einen seien sofort erschossen worden, die anderen erstmal gefangen genommen.

Wie ich daran denke, dass man das beim Erzählen ebenso und fast noch leichter machen konnte. Ein anderes Kostüm anziehen. Ein weniger radikales. Tauschen. Ablegen. Perspektiven wechseln.

Wie ich irgendwann, viel später oder auch ganz bald, ebenfalls denken muss, dass ich einem Mann gegenübergesessen habe, der wahrscheinlich getötet hat. Herr Skakač ist ein Domobran gewesen, bewaffnet, verteidigend, wie er sagte. Er ist Teil der Armee des Unabhängigen Staates Kroatien gewesen.

Wie mir Herr Skakač am Ende des Besuchs ein paar Fotografien mitgibt. Unter anderem ein Gruppenbild der Marijina Kongregacija in Osijek, einer katholischen Jugendvereinigung, auf der er zu sehen ist und der auch mein Großvater angehört hatte.

Meinen Großvater will Herr Skakač aber nicht gekannt haben. Nein, nie gehört, sagt er, als ich den Vornamen erwähne. Als ich den Nachnamen erwähne. Als ich sein Alter erwähne. Überhaupt, dass ich bei ihm sei, um meinem Großvater auf die Spur zu kommen, scheint er an den Rand zu stellen. Nein, sagt er abschließend, keinen Raum lassend, nein, ich kannte ihn nicht.

Ich zeige meiner Mutter und meiner Tante das Bild, das mir Herr Skakač mitgegeben hatte, und frage sie: Erkennt ihr euren Vater darauf?

Sie sind sich zunächst nicht einig. Doch beim zweiten Hinsehen finden sie beide, dass mein Großvater nur der dunkelhaarige schmale junge Mann an vierter Stelle von links in der ersten Reihe sein kann.

Sollte der Mann in der ersten Reihe mein Großvater gewesen sein, so sitzen die zwei Männer nur zwei oder drei Meter voneinander entfernt auf diesem Bild. Stehen nach dem abgedrückten Auslöser auf, schütteln die Beine aus, sprechen vielleicht miteinander. Teilen diese Gruppe und den Moment. Und vielleicht auch das, was danach folgte.

Und es ist genau diese Entfernung, die uns trennt, mich und die Geschichte, mich und Herrn Skakač, mich und meinen Großvater. Ein Katzensprung, unüberwindbar, in dem wir gefangen sind. Ein stillgestelltes Bild. Ohne Bewegung. Ohne Berührung.

Was würde wohl der Großvater über das Bild zu sagen haben?

Und über meinen Besuch bei Herrn Skakač?

Auch das Fragen ohne Bewegung, unüberwindbar.

Genauso wie mich und Herrn Skakač nur ein Tisch beim Erzählen trennt, er schaut mir in die Augen und wiederholt seine Geschichte, lückenlos, seine Lebenserzählung. Und ich sitze ihm gegenüber und bin auf der Suche nach der Lücke in einer anderen Geschichte, die nicht seine ist, ich, die Enkelin, die durch ihn einen Faden zu dem Mann sucht, der nur wenige Schritte neben ihm gesessen ist. Herr Skakač wiederholt seine Geschichte wie ein auswendig gelerntes Gedicht, vielleicht um die Irritation der Vergangenheit zu vergessen, und er scheint meine Irritiation nur schwer zu verstehen; er kann meine Erschütterung, die mir durch sein Erzählen bewusst wird, ja nicht kennen.

Ihm gegenübersitzend denke ich kurz, für einen Moment nur: Vielleicht wollte ich nur einmal diese Geschichte als eine Geschichte hören, als Enkelin, die auf der anderen Seite sitzt, und dann abbiegen. Wieder andere Wege gehen. Nur einmal jemanden finden, der mir die Geschichte erzählt, der vielleicht fast mein Großvater sein könnte.

Doch das stimmt nicht, das suchte ich nicht, und das wurde mir nach dem Besuch bei Herrn Skakač noch klarer. Ich suchte nicht eine Geschichte, ich suchte eine Spur, Spuren, die Lücken füllen könnten, meine Lücken, und dafür suchte ich vor allem nicht Herrn Skakačs Geschichte, doch dafür kann er nichts, denn was ich suchte, was ich suche, ist nicht zu finden: Großvaters

Geschichte. Großvaters Ankunft in Osijek oder in Bleiburg, Großvaters Moment der Kapitulation, der Übergabe, Großvaters Fußmarsch, seine Stunden und Tage, über die er nie gesprochen hat, Großvaters Stiefel, die er vielleicht auch abgeben, tauschen musste, gegen was? Doch diese Stiefel gibt es nicht.

Und darum wird immer etwas fehlen.

Darum wird keine Aussage über Bleiburg je ausreichen. Und keine Zeugengeschichte, klingt sie noch so plausibel, klingt sie noch so ähnlich wie die, die vielleicht die Geschichte meines Großvaters hätte sein können, wird reichen. Je ähnlicher sie klingt, durch Geburtsjahr, Wohnort, Strecke und andere Details, desto unzureichender wird sie für mich sein. Desto größer wird die Lücke vor mir, die ich nicht füllen kann.

Die nie zu füllen sein wird.

Ja, ich bin überzeugt davon, dass Herr Skakač meinen Großvater gekannt hat. Doch Ja zu sagen zu dieser Bekanntschaft, Ja zu sagen zu einem Faden, der ihn mit mir verbinden könnte in einer lebendigen Gegenwart, in einem tatsächlichen Gespräch, das immer Improvisation ist, das immer unberechenbar bleibt und eben keine festgeschriebene Geschichte ist, etwas, das er nicht erwartet hat, das würde seine Geschichte ändern und er müsste dafür eine neue Sprache suchen.

Und vielleicht suchte Herr Skakač sie. Er rief mich immer wieder an. Er suchte das Gespräch, doch er schaffte es nicht ganz. Er rief mich an, um Details zu ergänzen, Kleinigkeiten über seine Schuhe, seinen Mantel, über eine Waldlichtung und einen Brunnen in Slowenien, der wichtig sei, er suchte einen Faden, eine Verbindung, doch es gelang ihm und uns nicht, seinen festgeschriebenen Weg zu verlassen.

Ein paar Monate später sitze ich wieder bei Herrn Skakač in Salzburg, dieses Mal mit einer Kamera und dem Theaterteam. Herr Skakač erzählt wieder, spricht sich ins ununterbrochene Erinnern hinein und wir hören uns ins ununterbrochene Vorstellen hinein. Dabei erzählt er mit gleichen Worten dieselben Ereignisse. Satzbaugetreu. Wie ich das auch erwartet hatte.

Wir sind ebenfalls zu Herrn Kopf zurückgekehrt, nach Kärnten, auch hier mit Theaterteam und Kamera. Und als Herr Kopf losspricht, spricht auch er in einer fast worttreuen Rede los. Oder wieder. Schließlich führt es uns ja wieder durch das Feld, sein Feld, sein Archiv, er ist der Archivar, der uns mitnimmt.

Und diese festgeschriebenen Erzählungen spiegeln sich auch im Großen wider, spiegeln sich im Tabu der jugoslawischen Geschichtsschreibung und in deren Umkehrung in den neunziger Jahren, nach dem Krieg. Geschichtsnarrative ohne Aufarbeitung stauen sich auf. Wobei das Denkmal darin die starrste und ungebrochenste Rolle spielt, denn es wurde noch während des Verbots in Jugoslawien auf dem österreichischen Feld erbaut und durch den Krieg der neunziger Jahre mit in die neue Regierung getragen. Das auf diesem Feld herrschende Narrativ wurde durchgetragen durch die Tabus und durch die Kriege.

Als das Feld erworben wurde.

Als eine Gedenktafel aufgestellt und die Schrift in zwei Sprachen eingraviert wurde und als ein Gedenktag festgelegt wurde.

Als die Regierung und die Kirche jeden Mai zum »Bleiburger Feld« zu pilgern begannen.

Ein Denkmal ohne Denkraum, wie es scheint, fest betoniert und lückenfrei. Ein Denkmal, an dem kein Schild zu finden ist, keine Information zu lesen ist.

Ein Denkmal, das am wenigsten an den Großvater erinnert.

Oder vielleicht sagt das Denkmal sehr genau etwas über den Großvater, es sagt: Du musst einen ganz anderen Raum finden, der weder in Bleiburg noch in Salzburg bei Herrn Skakač ist, weder in Kroatien noch in Österreich noch in der Schweiz – der Großvater ist an keinem dieser Orte aufzufinden. Du wirst ihn mit keinem dieser Menschen gemeinsam finden. Du wirst ihn bei keinem Denkmal finden.

Die Zeiten, damals, später, jetzt und morgen,
die verlorenen wie die kommenden und
die endlosen Endzeiten, fließen und gehen
ineinander über, die Zeitpunkte bilden keine Linie
und haben keine Richtung, sondern bilden Bilder
und Konstellationen, die sich ständig bewegen
und verwandeln …

Und so ist auch die Sprache, unsere Heimat:
uns immer fremd und umgekehrt, wie wir selbst.
Madame Nielsen

Im Sommer 2022 verbringe ich eine Woche bei guten Freunden in Kärnten. Es ist ein heißer Sommer, die Badeseen sind voll. Das Haus der Freunde liegt nur eine halbe Stunde Autofahrt von Bleiburg/Pliberk entfernt. Und so fahren wir, der Freund und ich, an einem Sonntag mitten im Sommer zum Denkmal. Wieder. Wir fahren durch Felder, entlang kurviger Landstraßen, eine Strecke durch die Dörfer und Orte, die Google Maps nie vorschlagen würde.

Der begleitende Freund fragt mich oder sich oder uns beide unterwegs, was sich in der Zwischenzeit wohl verändert habe.

Ich schaue auf die Straße, die ihre Kurven durch einen dichten, grünen Wald nimmt, ich fahre bestimmt und dieses Mal fahre ich mich und uns zu diesem Feld, als wäre es eine Art Ritual, etwas, was ich kennen würde. Herr Skakač ist nur ein Jahr nach unseren Gesprächen mit 92 Jahren verstorben. Die jährlichen Treffen auf dem Feld konnten aufgrund der Pandemie nicht vor Ort stattfinden, so blieb das Feld die letzten zwei Jahre leer. Und schließlich wurde das Treffen, nachdem schon länger darüber gesprochen wurde, auf Empfehlung einer vom Innenministerium berufenen Expert:innengruppe, deren Mitglied auch Ljiljana Radonić ist, im März 2022 vom Österreichischen Parlament verboten. Bei der Veranstaltung sei es nicht nur wiederholt zu nationalsozialistischer Wiederbetätigung gekommen. Auch aufgrund der Tatsache, dass dabei das faschistische Ustascha-Regime gewürdigt werde, sei es geboten, die Veranstaltung nach den Bestimmungen des Versammlungsgesetzes künftig zu untersagen.

Ich antworte dem Freund, dass ich mich selbst frage, wie diese Ereignisse das Feld wohl beeinflussten. Wie wir es wohl vorfinden würden.

Wir kommen gegen Mittag beim Denkmal an, es ist ein warmer, aber kein brennend heißer Tag. Das Auto bleibt auf der Erhöhung, die parallel zur Straße liegt. Der Weg führt danach zu Fuß hinunter, zum Denkmal. Durch die Hitze der vorangehenden Sommertage sind Gras und Acker trocken, fast gelblich. Ein warmer Wind weht um uns und das Denkmal herum.

An dem großen überdachten Bau mit Bühne und Rednerpult wurde ein rot-weißes Sicherheitsband angebracht, es versperrt den Zugang. Nicht betreten, scheint das Band zu signalisieren. Grund unbekannt. Unbenannt. Hat es mit dem neuen Verbot zu tun? Oder doch mit den wackligen, unsicheren Steintreppen? Stühle mit blauer Folie abgedeckt, wie übergeworfen, schnell, fast wie vorübergehend. Wahrscheinlich stehen sie seit 2019 so, niemand erwartete eine Pandemie. Niemand erwartete ein Verbot.

Diese Bühne, die ein großes Kreuz auf dem Dach ragen hat, steht als größtes Objekt auf diesem Feld; sollte sie das Denkmal sein? Ein Auftrittsort?

An der rechten Innenwand hängt das heutige kroatische Wappen. An der linken Innenwand eine goldene Tafel mit eingravierten Namen, kroatisch übertitelt.

Hier werden die wichtigsten Geldgeber genannt – Kroaten aus den Vereinigten Staaten und Kanada.

An einem hohen Pfeiler, der das Gebäude stützt, hängt ein Banner aus dem Jahr 2019. Es scheint über die Zeit und durch den Wind gerissen zu sein, so dass es nun zwei Banner geworden sind. BLEI und BURG 2019 sind getrennt voneinander zu lesen, meist aber so vom Wind durch die Luft geweht, dass nur der obere Teil lesbar ist: BLEI. Ich denke an das Theaterstück mit dem gleichen Titel, einige Jahre zuvor.

Wir laufen weiter, Schritt für Schritt, schauen uns um.

Neben dem Gedenkstein hängen übrig gebliebene, vertrocknete Kränze von diesem letzten Treffen mit Bannern in den Farben der Nationalfahne. Neben den vergilbten Kränzen leuchten die Farben Rot, Weiß und Blau weiter. Zu finden ist der Kranz des Vereins Počasni Bleiburški Vod neben jenem des Parlaments der Republik Kroatiens.

Schließlich bleiben wir vor dem Gedenkstein stehen. Hier die wohl sichtbarste Veränderung, denn etwas fehlt: Die kroatische Inschrift wurde entfernt. Die Großbuchstaben aus Messing wurden säuberlich vom Gedenkstein abgenommen. Die Inschrift, die der »Kroatischen Armee« gedenkt, schon lange problematisiert, wurde gemeinsam mit den Treffen verboten. Im Stein bleiben Lücken, zwei Löcher pro Buchstaben sind sichtbar.

Nur das Datum wurde auf Kroatisch gelassen. *Svibanj 1945.*

Darunter die Deutsche Inschrift.

Und dort, wo das Wappen der NDH mit dem ersten weißen Feld ebenfalls am Stein befestigt war, wo nun eigentlich eine Leerstelle ist, klebt ein billiger Aufkleber mit demselben verbotenen Wappen wie eine Vignette von der Tankstelle, erst vor Kurzem hingeklebt. Der Freund nimmt den Aufkleber vom Stein ab. Dahinter bleibt ein Schatten im Stein, die Form des Wappens bleibt.

Wir gehen schließlich um das immer noch eingezäunte kleine Feld im Feld, das ein Friedhof werden sollte und am bewegungslosesten von allem scheint. An einer Ecke dieses Feldes steht eine kleine Holzhütte, wie ein Vereinshäuschen wirkt es, abgeschlossen, mit einer kleinen überdachten Bank. Wir lassen uns nieder, sitzen im Schatten unter der Mittagssonne. Alles ist still.

Zwei Menschen fahren auf Sportfahrrädern den kleinen Weg zum Denkmal hinunter, den wir davor zu Fuß gegangen waren. Sie tragen neonfarbene Trikots und Helme, sind verschwitzt und erinnern uns wieder an die Gegenwart der Sommerferien, die uns umgibt. Sie fahren einmal, etwas staunend, um das bühnenartige Gebäude herum, bleiben dann kurz stehen, steigen ab, schauen sich um, sie scheinen nicht geplant zu haben, hier vorbeizufahren, sie scheinen nicht zu wissen, wo sie sich befinden, sie suchen nach etwas, nach einem Satz oder Zeichen, das sie lesen oder verstehen könnten, hier, wir beobachten sie aus der Entfernung, sie scheinen uns nicht zu sehen. Sie scheinen keine Antworten zu finden.

Sie trinken eine Schluck Wasser und fahren davon.

Wir sprechen weiter über den Gedenkstein. Über die verbotene Inschrift, die nicht mehr da ist. Über die Verschiebung der Bedeutung zwischen den zwei Sprachen, zwischen den zwei Inschriften, die keine Übersetzung sind, sondern unterschiedliche Sätze.

Auf Kroatisch stand zuletzt auf dem Gedenkstein: »U čast i slavu poginuloj hrvatskoj vosjci.«

Auf Deutsch steht immer noch: »Zum Gedenken an die gefallenen Kroaten.«

Wer fällt, hat gekämpft. Zivilisten fallen nicht, sagt der Freund. Sie werden getötet. Ermordet. Eine entwaffnete Armee kämpft auch nicht mehr. Fällt nicht. Wir betrachten die Worte zusammen. *Poginuloj* hieß es auf Kroatisch, übersetzt bedeutet das Verb *poginuti* ums Leben kommen.

Die Kroatische Armee ist ums Leben gekommen, sagt das Kroatische.

Die Kroaten sind gefallen, sagt das Deutsche.

Wer hat nun gekämpft, und wer wurde getötet? Warum kämpft hier die Sprache so sehr mit sich selber?

Und auch wenn die *Kroatische Armee*, die nicht genannt werden soll, nun offiziell abgenommen wurde, so steht hier auf Deutsch immer noch das Wort gefallen. Ein Wort, das an Soldaten erinnert, das doch immer auch eine Armee mitmeint? Das kämpferisch klingt und anders erzählt als *poginuti*.

Vielleicht müsste der deutsche Satz auch noch abgeändert werden.

Wahrscheinlich muss noch viel mehr geändert werden als ein Satz, der verschwunden ist.

Der Freund sagt, dass ihn nichts am Denkmal, an diesem Ort überhaupt, an Zivilisten erinnere, an Frauen oder Kinder. Es will anscheinend nur an eine Armee erinnern.

Weil es das nicht darf, frage ich. Oder weil es nur das will?

Dabei spricht und liest man immer wieder davon, dass so viele Zivilisten dabei gewesen seien. Was heißt das?

Ich erzähle dem Freund, dass die Inschriften am Gedenkstein über die Jahre vier Mal geändert wurden. Die letzte Inschrift, die nun teilweise entfernt wurde, war auch die erste gewesen, 1987. Dazwischen wurde auch der »unschuldigen Opfer« gedacht. Das »unschuldig« wurde nach drei Jahren wieder gestrichen. Schließlich wurde der gesamte Text 2008 wieder zum anfänglichen zurückverändert.

Wir sitzen an diesem Denkmal, das ein wenig an eine verlassene Geisterbahn erinnert; groß und leer und doch voller Bilder, voller Geister.

Die Lücken sind da, sichtbar in den Steinen, in der Verlassenheit des Ortes, und sind auch nicht da. Sind noch zu klar etwas fast Lesbares. Die Löcher, die Lücken und die Spuren, die Worte waren und noch zu keinen neuen geworden sind.

In der Korrespondenz vom 17. März 2022, in welcher der Innenausschuss des Österreichischen Parlaments das Versammlungsverbot im Loibacher Feld ausspricht, wird zugleich »ausdrücklich betont, dass das Expertengremium sich nicht gegen ein Totengedenken oder eine katholische Messe ausgesprochen habe. Vielmehr verweise es auf Beispiele für ›neutrale Totengedenken‹, die mit den demokratischen Grundwerten vereinbar seien und die auch weiter stattfinden könnten.«

Wir schauen uns um. Kann hier, an diesem Ort, noch ein neutrales Totengedenken stattfinden? Wo könnte es stattfinden? Wo sollte es stattfinden?

Was wohl mit diesem Ort passieren wird, sagt der Freund.

Wir brechen wieder auf.

Auf dem Rückweg halten wir in Bleiburg/Pliberk, das an diesem Sommersonntag ganz leer und still ist. Wir spazieren einmal durch den Ort. Wir essen in einem Hinterhof Ćevapčići.

Vielleicht ist es plötzlich doch sehr heiß, vielleicht haben wir auch einfach Hunger, vielleicht bin ich ein wenig müde; auch wenn ich zugleich so wach bin, zugleich spüre, wie dieser wiederholte Besuch mit all seinen Abweichungen, Veränderungen und dazwischen dem standhaft Gleichgebliebenen mir einen Raum zum Denken gibt, zum Weiterdenken, und mich zugleich, wie schon beim ersten Mal, und wie das sicher noch oft passieren wird, zwei gegensätzliche Gedankenläufe spüren lässt, und ich sage zu dem Freund:

Wenn ich über diese Ereignisse nachdenke, ob Zuhause am Schreibtisch oder hier beim Denkmal, dann teilt es sich in mir.

Ich möchte streng und ganz genau und ganz klar sein – gegen eine Art des Erinnerns, die ich selber nicht nachvollziehen kann, die ich so nicht erzählen kann, so nie erzählen werde; gegen eine Art zu sprechen, die mir fremd erscheint und mich als Fremde, als Außenstehende verortet – gegenüber einem Land, einer Herkunft, einer Geschichte dieser Herkunft. Gegenüber einer nicht aufgearbeiteten, kollektiven Geschichte und mit der Möglichkeit, dass mein Großvater mit einem faschistischen Regime sympathisiert hat.

Ich möchte dieses Denkmal immer und immer wieder befragen, nicht, weil ich das Gedenken an Tote befragen will, im Gegenteil; sondern weil ich diesen Ort, diese Art der Versammlungen, die bis vor Kurzem hier erlaubt wurden, die laut und aggressiv einer noch lauteren und aggressiveren Politik gedenken, befragen will; hinterfragen muss. Ein Gedenken, das die Fetischisierung von Identität feierte. Ein Gedenken, dass einen Raum für das Zelebrieren von faschistischen Zeichen und Gedanken eröffnet hat. Und eben keiner Toten gedacht hat.

Und ich möchte zugleich sanft sein – dem Großvater und seinen Erfahrungen gegenüber. Einem 19-Jährigen gegenüber, der einen Zwangsmarsch überlebt. Vielen dieser damals 19-Jährigen gegenüber möchte ich weich sein. Und den Toten gegenüber auch. Und einem 75-Jährigen gegenüber, der raucht und raucht und nicht erzählt und nach all dem doch die Wärme findet, seine Enkelkinder in wundersame Märchenwelten zu entführen, die sie noch bis ins Erwachsenenalter begleiten werden.

Ich möchte trauern dürfen.

Und ich weiß nicht genau wo. Oder wie.

Ich weiß nur, dass ich seine Geschichte nicht wiederfinden werde.

Walter Benjamin schreibt, dass nach dem Krieg das Vermögen verloren ging, Erfahrungen auszutauschen. Einen Verlust des Gesichertsten, so nennt er dieses verlorene Vermögen. Und meint damit wohl die Fähigkeit des Berichtens wie auch ihren Wert. Das Gesichertste unter dem Sicheren ging verloren. Für die jeweiligen Menschen, für den jeweils Einzelnen, aber auch fürs Kollektiv: Wenn nicht erzählt wird, geht Geschichte verloren. Gehen Geschichten verloren.

Was war beim Großvater noch sicher?

Was ist heute noch sicher, wenn ich an ihn denke?

Wenn ich von ihm erzähle?

Ich schaue den Freund an, der eine kalte Apfelschorle trinkt an diesem Sommertag.

Aber vielleicht hat er einen anderen Tausch gemacht, sagt er dann, fast heimlich, leise und langsam, über viele Jahre hinweg, einen Tausch, ihn und sein Leben überdauernd, in einer euch eigenen Zeit, die euch immer noch verbindet. Vielleicht lautet sein Tausch, der kein direkter Austausch war, aber eben doch ein Tausch: Ich erzähle dir und du erzählst von mir? Und du erzählst, wie es der Großvater auch getan hat, der auch ein Erzähler war, du erzählst auch, aber anders, weiter – du kannst seine Geschichte nicht finden. Doch du kannst sie erfinden. Ja, du kannst sie erzählen und ihr einen Wert geben.

Nach den Ćevapčići und der Apfelschorle fahren wir wieder zurück: zu den Badeseen, den Fahrradfahrern, den Touristen, den Sommerferien am Land. Ich erinnere mich, wie ich im Frühjahr 2016 zum ersten Mal in Bleiburg/Pliberk war, eine junge Frau, die von ihrer eigenen Geschichte fast nichts wusste, weder im familiären Rahmen noch durch ihren Bildungsweg, sehe sie regelrecht tapsen durch die Lücken, trotz und mit aller anderen Bildung, allen anderen Erzählungen, sprachlos, erstmal. Wie ich stumm auf dem Feld stand und keine Worte fand, selber noch so wenig Worte zu all dem kannte und wie es mir, vor einer festen, großen Architektur stehend, vor diesem stummen, nicht denkenden Denkmal regelrecht die Sprache verschlug; wie es dies wohl, vielleicht, bei vielen auslösen könnte; wie also Rückkehr wichtig ist, Wiederholung wichtig ist, um jedes Mal etwas anderes zu sehen, etwas weiter zu denken, den Raum zu vergrößern und nicht zu verkleinern, um eben nicht zu verstummen, im Gegenteil, um sich jedes Mal zu fragen: Was hat sich verändert?

Sehe mich im Sommer 2022 von diesem Denkmal wieder wegfahren. Und wissen, dass mein Weiterdenken am

Denkmal, das nicht denkt, nicht aufhören wird. Dass ich wiederkommen werde. In drei, fünf oder sieben Jahren. Um zu schauen, wie sich das Denken verändert hat.

Stell dir vor, hatte der Großvater in seinem Erzählen so häufig gesagt. Und danach Märchen erzählt. Sowohl Herr Kopf als auch Herr Skakač verwendeten diesen Satzbeginn ebenfalls oft und füllten ihn mit ihrem jeweiligen Wissen oder ihrer Erfahrung auf. Sie beide haben das unerträgliche Geschehen sowie auch das eigene Überleben durch solche Satzanfänge und andere Strategien für sich erzählbar gemacht. Und dabei haben sie die Geschichte und ihre Wahrnehmung auf diese Weise eingefroren.

Stell dir nicht vor, möchte ich sagen.

Stell dir immer wieder nichts vor und suche doch weiter, suche für den Großvater Sprachen, finde Sprachen, ändere Sprachen, bleibe suchend, möchte ich sagen,

bleibe dir und deiner Geschichte mit Empathie und mit Empörung fremd –

WENN WIR SPRECHEN, SPRECHEN WIR GEGENWART

DIE SPRACHE, DIE KEINER SPRICHT

Ich sitze an einem großen Nussholztisch bei einem Abendessen mit drei Freunden. Es gibt das irakische Gericht Tepsi mit Reis, dazu italienischen Rotwein, Salat und Gruyère stehen auf dem Tisch, ebenso der angeschnittene Pecorino, noch vom Apéro. Wir sitzen mitten in der Schweiz, oder nicht ganz mitten, eher etwas östlich, wir sprechen Hochdeutsch und Schweizerdeutsch, gemischt, viel und schnell, der Abend schreitet voran. Irgendwann beginnt Bashir, der Gastgeber, von seiner laufenden Einbürgerung zu erzählen. Er lebt seit gut zwanzig Jahren in der Schweiz. Bashir steht auf, geht zu seinem Bürotisch und kehrt mit drei Broschüren zurück. Schaut, sagt er, lachend, das muss ich alles auswendig können. Nach allen Prüfungen der Welt: noch eine. Nun kann ich mich nach meinen vier Buchstaben einbürgern lassen. Und meint damit seine bisherigen Aufenthaltsbewilligungen in der Schweiz, die jeweils mit einem unterschiedlichen Buchstaben bezeichnet werden.

Zuerst kommt N für »Asylgesuch im Verfahren« oder N wie fast nein oder fast nichts oder noch nicht. Danach kam bei Bashir F für »vorläufig aufgenommen«. Ein F, das klingt wie vorläufig falsch geschrieben, F wie falsch. Dann B, »die Bewilligung auf Aufenthaltsrecht«, auf die fast jede:r hofft, das B, das man jährlich verlängern lassen muss. B klingt nach Anfang, endlich ist man irgendwo vorne im Alphabet angekommen. Nach

B kommt tatsächlich C. B und C klingen nach Reihenfolge, nach Abfolge, nach Logik. F und N, mittendrin, zerstreut, ohne Platz, ohne vorher und nachher, sind verlorene Buchstaben in der Schweiz. Buchstaben, die selten einen Platz finden. Bashir bekommt nach 18 Jahren die C-Bewilligung, das Recht auf Niederlassung. Dadurch erhält er das Recht, einen Antrag auf Einbürgerung zu stellen.

Die drei Broschüren, die Bashir vor uns auf den Tisch legt, sind von Stadt, Kanton und Bund. Wissen in diesen drei Kategorien verlangt die Schweiz, dazu gibt es unterschiedlich dicke Heftchen mit Informationen, die auswendig zu lernen sind. Ich nehme die Unterlagen in die Hand. Meine Einbürgerung vor zwanzig Jahren verlief ohne eine solche Prüfung, da ich damals noch eine Teenagerin war. Ein Gespräch mit einem Beamten hatte ausgereicht, die administrativen Belange hatten meine Eltern erledigt und bezahlt. Nur kurz davor noch beliefen sich die Kosten für einen Schweizer Pass auf etwa zwei Monatsgehälter pro Person. Wer konnte sich das tatsächlich leisten? Heute gibt es normierte, auf Bundesebene gleiche, viel tiefere Kosten für die Einbürgerung, die einem administrativen Aufwand gleichkommen.

An mehr erinnere ich mich nicht. Mit fünfzehn Jahren hatte ich den Schweizer Pass erhalten, nach elf Jahren Leben in der Schweiz.

In der Schweiz muss man zehn Jahre in derselben Gemeinde leben, um sich für den Schweizer Pass melden zu dürfen. Nach sechs Jahren haben meine Eltern den

Kanton gewechselt, wir zogen innerhalb der Schweiz von einer Stadt in eine andere und verloren somit alle bisher angesammelten Jahre. Wir fingen von null an. Im Alter von zehn bis zwanzig Jahren gilt die in der Schweiz verbrachte Zeit für diese Berechnung aber doppelt. Ich war beim Umzug damals zehn Jahre alt. So konnte ich fünf Jahre später den Schweizer Pass erhalten. Meine Eltern mussten fünf weitere Jahre warten.

Den kroatischen Pass durfte ich behalten.

Die beiden anderen Freunde am Tisch haben zuvor weder diese Broschüren gesehen noch einen Beamten in Zürich. Sie sind von Geburt an in der Schweiz. Der Freund, der mir gegenübersitzt, seit vielen Generationen. Die Freundin an seiner Seite seit zwei Generationen.

Ich blättere in der Broschüre vom Bund: »ECHO Informationen zur Schweiz«. Alle Seiten sind in ein paar wenige, kurz gehaltene Textabschnitte unterteilt, jede Seite zu einem Thema. Die Informationen zu den jeweiligen Themen werden bündig und schnell, man könnte auch sagen: in einfacher, eindeutiger Sprache, geliefert. Die Informationen sind als absolute zu lesen, zu lernen, sie stellen keine Fragen und nichts infrage, im Gegenteil: Es sind Antworten auf alle möglichen Fragen zu finden, zu lernen, die ein Mensch, der in die Schweiz zieht, haben könnte. So suggeriert es die Broschüre. Danach kann man eine Prüfung ablegen, die auch keine abweichenden Fragen stellen oder andere Antworten verlangen wird, einfach auswendig lernen bitte und danach für immer Schweizer sein.

Es wirkt erstmal fast einfach.

Doch so einfach kann die Sache natürlich nicht sein.

Seite 5 der Broschüre ist den Sprachen der Schweiz gewidmet. Ich unterbreche das Blättern und lese dort genauer.

Seite 5 gliedert sich in zwei Spalten. In der linken Spalte finden sich zwei Abschnitte mit den Titeln »Die viersprachige Schweiz« und »Die vielsprachige Schweiz«, unterteilt durch die Grafik einer Landkarte. Diese Schweiz ist in vier Farben geteilt und sitzt da, groß und vierfarbig, in der Mitte der Seite.

In der rechten Spalte finden sich drei Statistiken:

Die erste Statistik teilt die vier Landessprachen prozentual auf die 26 Kantone auf.

Die zweite Statistik nennt die »Wohnbevölkerung nach Hauptsprache 2019«. Hauptsprache, lese ich und verweile dabei. Was an einer Sprache macht sie wohl zur Hauptsprache? Zum Haupt, zum Häuptling, Hauptsache klingt mit, Hauptsache wir sprechen eine Hauptsprache. Haupt- oder Kopfsprache, also nicht Herzenssprache oder Mutter- oder Vater- oder Familiensprache? Sondern Hauptsprache. Ist das eine offizielle Kategorie? Bürokratisch gesehen? Wohl kaum. Im Internet steht, neben vielen möglichen Erklärungen: »Hauptsprache: Die Sprache einer mehrsprachigen Person, in der diese Person denkt.« Sehr gut, denke ich, und weiß nicht mehr in welcher meiner Sprachen, und denke weiter, dass dann wohl, wenn Hauptsprache voraussetzt, dass eine Person mehrsprachig sei, erstmal die gesamte Wohnbevölkerung laut dieser Statistik mehrsprachig sein müsste. Das wäre doch schön.

In der Broschüre steht dazu eher Unklares: (Mehrere Nennungen möglich). »Mehrere Nennungen möglich« steht in Klammer unter »Wohnbevölkerung nach Hauptsprache«. Also nicht eine Hauptsprache, sondern mehrere Hauptsprachen?

Unter diesem unklaren Untertitel stehen dann zunächst, augenscheinlich, sehr klare Zeilen und Zahlen:

■	62,2 %	Deutsch
■	22,9 %	Französisch
■	8,0 %	Italienisch
■	0,5 %	Rätoromanisch
	24,8 %	andere Sprachen

Ich lege die Broschüre mit der geöffneten fünften Seite auf den Esstisch, in die Mitte unter die große Lampe, die über dem Tisch hängt, alle lesen mit, von allen Seiten betrachten wir diese Seite, mit ihren Spalten und Farben und Zahlen und Wörtern. Mit ihrer augenscheinlichen Ordnung, die sich schon von oben oder von der Seite anders liest. Wir versuchen zu verstehen und finden dabei vor allem Auffälligkeiten, mehrere.

Erste Auffälligkeit: Die ersten vier Sprachen sind jeweils einer Farbe zugeordnet: Deutsch ist orange, Französisch grün, Italienisch blau und Rätoromanisch altrosa. Diese Sprachen oder Farben finden eine Entsprechung auf der Grafik der Schweizer Landkarte. Sie teilen die Karte in vier farbige Bereiche ein, die unterschiedliche Größen haben.

»Andere Sprachen« haben dort, wo die anderen, pardon, die vier anderen Sprachen ein farbliches Quadrat stehen haben, nämlich direkt vor der Prozentzahl, eine Leerstelle. Keine Zuordnung. Keinen Verweis. Keine Verortung. Sie schweben für sich, ohne Zeilenanfang, kleingeschrieben, als wären sie mitten aus einem Satz genommen worden. Sie sind auf der Karte nicht aufzufinden.

Zweite Auffälligkeit: Zusammen ergeben alle Sprachen 118,4 %. Keine Kombination der Sprachen kann 100 % ergeben. Keine Kombination dieser genannten Sprachen und ihrer Prozente ergibt etwas Ganzheitliches. Sogar die vier offiziellen Landessprachen ergeben nicht 100 %. Sind zu wenig. Sind kein Ganzes und füllen doch eine ganze Landkarte aus. Etwas fehlt, oder jemand fehlt, und doch ist die Landkarte voll. Gibt es einen Fehler? Das könnte sein.

Dritte Auffälligkeit: Die Reihenfolge stimmt nicht. An zweiter Stelle müsste mit 24,8 % ganz klar »andere Sprachen« stehen. Und danach erst Französisch. Dass das natürlich einen immensen Einfluss auf das Schweizer Schulsystem hätte, wo ab der 4. Klasse die jeweils zweite Landessprache unterrichtet wird (in der Deutschschweiz wäre das dann also nicht mehr Französisch, sondern »andere Sprachen«), ist selbstverständlich nicht zu vernachlässigen. Vielleicht auch irgendwo zu melden?

Und vierte Auffälligkeit oder fünfte oder sechste, es ist eben so eine Sache mit den Zahlen und den Reihenfolgen, denn vielleicht, oder hoffentlich, fällt anderen Menschen an einem anderen Tisch noch mehr auf und bringt wieder die Reihenfolge durcheinander – schließlich fällt uns noch auf oder ein, welche Hauptsprache denn genau mit »andere Sprachen« gemeint sei. Und sogar wenn es plural sein darf (mehrere Nennungen möglich), welche?

Wir lesen weiter.

»Insbesondere in der Deutschschweiz und im Tessin werden verschiedene Dialekte gesprochen.«

Punkt.

Absatz.

Weiter.

Oder auch hier eine erste Anmerkung: Und in den »anderen Sprachen«? Gibt es dort auch Dialekte?

Das wäre aber eine Frage und keine Antwort und daher für die anstehende Prüfung unnötig.

Weiter.

Dritte Statistik. Oder: Unterste Statistik.

Vielleicht hätten wir dort mit dem Lesen beginnen sollen.

Der Titel lautet »Andere Sprachen 2018«. Es befindet sich also ein Zeitsprung von einem Jahr in der Vertikale dieser Spalte: »Hauptsprache 2019« und »Andere Sprachen 2018«. Es folgt wieder eine Aufzählung:

Die »Anderen Sprachen 2018« zählen acht Sprachen auf: Englisch, Portugiesisch, Albanisch, Serbisch/Kroatisch, Spanisch, Türkisch, Tamil.

Damit ist die Seite voll und das Thema Sprachen beendet.

– An dieser Stelle schaue ich auf, die Teller und das Geschirr hat Bashir in der Zwischenzeit abgeräumt, vor uns stehen noch die Weingläser, das Teewasser kocht.

Und Arabisch? Und du?, frage ich und wir lachen, auch wenn es kaum zum Lachen ist.

Ich spreche die Sprache, die keiner spricht, antwortet Bashir.

2018, im Jahr der Statistik der »Anderen Sprachen«, hat Bashir schon fast fünfzehn Jahre in der Schweiz gelebt. Wie viele weitere Menschen, die Arabisch sprechen. Und die Kurdisch sprechen. Und die Portugiesisch sprechen. Und Menschen, die Serbisch/Kroatisch sprechen – laut der Statistik, die vielleicht gerne entweder Serbisch oder Kroatisch sprechen würden, denn es sind erstmal zwei Sprachen, auch wenn sie verwandt sind. Mit zwei Schriftsystemen. Mit einem Krieg vor etwas mehr als einem Vierteljahrhundert, der tief dazwischengreift, der die gesamte Verwandtschaft infrage gestellt hat; wieder einmal. Denn solche Kriege gab es schon öfter. Ein Krieg, der so real war, dass man ihn durch das Zusammenfassen der beiden Sprachen in eine Kategorie nicht vernachlässigen kann. Oder vielleicht zeigt dieses Zusammenfassen noch viel stärker die Wunde, die genauso groß und nahe ist wie die zwei Wörter, Serbisch und Kroatisch, die in der Broschüre ganz dicht nebeneinanderstehen, einander zugeordnet sind. Wie es auch die zwei Sprachen sind. Fast berühren sie sich, die Sprachen, die einer gemeinsamen Zeile zugeordnet werden.

Und doch steht ein Balken, fest und klar, zwischen ihnen. Sie werden in dieser Statistik zueinander gesetzt, als Eines zählende, vielleicht: durch einen gemeinsamen Grund in die Schweiz Gekommene, was nicht stimmt, nicht immer, aber immer wiederholt stimmend gemacht werden kann. Sie stehen dort nämlich nicht zusammen, weil sie sich sprachlich ähnlich sind, sondern weil die Ursache ihrer Migration auf die gleichen politischen Gründe zurückgeführt wird. Und wird das oft genug getan, so beginnt eine Erzählung, die Menschen, die Kroatisch oder Serbisch sprechen, einer gemeinsamen Migrationsgeschichte zuschreibt. Als hätte es nur einen Grund für Menschen, die diese Sprachen sprechen, gegeben, in die Schweiz zu kommen.

Und wie ist es mit Menschen, die Bosnisch sprechen? Wo sind diese in der Statistik geblieben?

Es ist bei der Broschüre, die wir bei Bashir herumreichten, eine Sache sicher nicht zu unterschätzen: Für wen diese geschrieben wurde. Kein:e geborene:r Schweizer:in liest sie, muss sie lesen. Wie Claudia, die mit uns am Tisch sitzt. Wie Samuel. Beide kennen diese Broschüre nicht, kämen mit ihr, würden sie Bashir nicht kennen, nicht in Berührung. Diese Broschüre ist für Menschen geschrieben, die in die Schweiz kommen. Und wenn darin über Sprachen geschrieben wird, dann richten sich der darin enthaltene Text und seine Gedanken an Menschen, die größtenteils vor ihrer Einwanderung in die Schweiz eine andere Sprache gesprochen haben. Die diese Sprache weiterhin mit sich tragen und sie höchstwahrscheinlich in ebendieser Schweiz auch immer noch sprechen und auch nach ihrer Einbürgerung sprechen werden. Die »andere Sprachen« sprechen, unverortet auf der Landkarte, nicht vorhanden. Nicht auffindbar. Aber ganz da. Ganz dabei, Schweizer:innen zu werden.

Die Broschüre ECHO richtet sich an Menschen, die direkt angesprochen sind, wenn auf Seite 15 in nur einem einzigen Absatz das »Ausländerrecht« verhandelt wird. Wenn dieser Absatz mit dem prägenden Satz und einer Fettsetzung von Buchstaben beginnt:

»Für Ausländerinnen und Ausländer gelten viele besondere Gesetze.«

Kein Spezifikum, keine Ausführung, keine Aufzählung. Man erfährt als Leserin und Leser, als noch Ausländerin und Ausländer kaum beziehungsweise gar nicht, welche konkreten Gesetze für oder gegen einen selbst gelten. In anderen Bereichen ist die Textlage viel genauer, zum Beispiel steht auf derselben Seite klar und deutlich: »Recht auf Ehe und Familie: In der Schweiz dürfen mündige Personen ab 18 Jahren heiraten.« Oder »Glaubens- und Gewissensfreiheit: Ab 16 Jahren kann jemand seine Religionszugehörigkeit selber bestimmen (Art. 303 ZGB).« Keine Fettsetzung. Nur eine einzige auf der ganzen Seite. Beim Ausländerrecht:

Viele besondere Gesetze.

Man soll das wohl auch in der Hoffnung, dass man bald kein:e Ausländer:in mehr sein wird, lesen. Was für eine Übung, den Blick zu verdrehen, zugleich direkt das Fremde als Besonderes zu benennen und den, die Leser:in darin zu schulen, den Blick auf »andere« so zu richten.

Weiter steht unter Ausländerrecht: »Sie (Anm. die Gesetze) erfassen ihre Rechte und allfällige Einschränkungen. Die Behörden verfügen in diesem Rechtsbereich über einen relativ großen Ermessensspielraum.«

Spielraum, relativ groß für die Behörden. Das kann kaum beruhigend klingen für jene, die unfreiwillig Teil dieses gesetzten Spielraums werden. Die vielleicht gar nicht wussten, dass sie sich in einem Spielraum befinden. Die eher dachten, dass sie in einem Land sind, dass sie dort leben wie alle anderen, mit allen anderen, dass sie vielleicht Kinder kriegen, arbeiten, zur Schule gehen.

»Entsprechend groß sind die Unterschiede zwischen den Kantonen in der Anwendung der Gesetze.«

Bitte auswendig lernen.

Kann abgefragt werden.

Der gemeinsame Abend geht dem Ende entgegen, es ist spät, wir stehen auf und beginnen, uns voneinander zu verabschieden. Ich frage Bashir, ob ich diese Seiten aus der Broschüre bei ihm kopieren könne, ich würde sie sehr gerne mitnehmen.

Er habe nur einen Drucker, entschuldigt sich Bashir.

Okay, kann ich dann ein Handyfoto machen?

Ja, klar.

Was möchtest du denn damit machen?

Ich weiß es noch nicht.

GEBROCHENES LICHT

> Seien Sie unbesorgt, ich weiß, was wird,
> was los ist und was passiert ist.
> Wenn etwas Schlimmes passiert oder
> Sie etwas ärgert, werde ich eingreifen,
> um das Problem zu lösen. Passen wir
> unsere Gewohnheiten an.
>
> *Lubna Abou Kheir, »Gebrochenes Licht«*

2018 lerne ich Lubna Abou Kheir kennen. Im Jahr der »anderen Sprachen«.

Wir lernen uns in Zürich kennen, wir werden vom Theater Neumarkt durch eine Auftragsarbeit zusammengebracht. Lubna Abou Kheir als Autorin, Julia Reichert als Dramaturgin und ich als Regisseurin. Aus dieser Begegnung entsteht über den Zeitraum von einem Jahr in einem intensiven Dialog das Stück »Gebrochenes Licht / قوس قزح – Ein Bogen von Damaskus nach Zürich«, das ich 2019 inszeniere.

Nach dem Abend bei Bashir finde ich eine Passage im Theatertext von Lubna Abou Kheir, den ich sehr gut kenne und doch jedes Mal beim Lesen wieder neu entdecke:

> Vielleicht ist der Unterschied zwischen Hier und Dort, dass die Zeit einen Wert hat und alles zu seiner Zeit kommt, egal ob es nun schön oder schrecklich ist. Alles kommt unerwartet, aber in seiner Reihen-

folge. Die Züge, die Bewegungen der Menschen, die Gebäude … es gibt viel Chaos, aber das ist geordnet.

»Alles kommt unerwartet, aber in seiner Reihenfolge«, klingt nach, als ich die Seiten in der Broschüre ECHO wieder und wieder, wie es der Titel fast schon verlangt, lese. Nicht, weil ich sie auswendig lernen muss für eine Prüfung, sondern weil ich selber diese behaupteten Reihenfolgen prüfen und verstehen möchte. Doch kann man Reihenfolgen, die unerwartet sind, wie Lubna Abou Kheir das schreibt, verstehen? Wie kann man geordnetes Chaos verstehen? Kann man sich darin zurechtfinden? Ankommen? Zuhause fühlen? Sicher sein? Unerwartet ist unberechenbar. Solange Reihenfolgen und Abfolgen von Fragen, von Formularen, von Buchstaben für Aufenthaltsbewilligungen und Berechnungen von gesprochenen Sprachen für Dazugekommene unberechenbar bleiben, bleiben sie fremd. Bleiben sie gefährlich. Schön oder schrecklich, schreibt Lubna Abou Kheir, es ist egal. Alles kommt unerwartet. Auch die Broschüre ECHO.

Den Auftrag des Theaters, eine Bearbeitung von »Unsere kleine Stadt« von Thornton Wilder zu schreiben, verwirft Lubna charmant und ungeniert in unseren ersten Gesprächen, indem sie den Raum öffnet, offen hält für alle Themen, die wir, die zusammen an einem Tisch sitzen, mit uns bringen, ungefragt und nicht beauftragt, also vielleicht: unerwartet. Dabei könnte man/ich nachträglich behaupten, dass »Gebrochenes Licht« eine sehr zeitgenössische Bearbeitung von »Unsere kleine Stadt«

ist, indem es alle Städte, die Lubna Abou Kheir in sich trägt, Damaskus und Zürich, dazwischen Istanbul als Verbindung, als unsere kleine Stadt erzählt, so heutig, dass es gegenwärtiger nicht sein könnte. Der Blick auf die Städte ist nackt und schmerzvoll. Fazit:

> Niemand wartet auf jemanden. Das Leben ist nicht so einfach; es gibt nicht Plätze für alle.

Wir ließen also Vorgaben und Vorlagen und Ideen erstmal hinter uns, und das war das einzig Richtige, um ein Gespräch zu führen, um tatsächlich zu sprechen und – vor allem für eine Autorin – um zu schreiben.

Lubna Abou Kheir bog noch einmal ab, entschied nochmals, für sich klar und logisch und konsequent, für uns unerwartet, dass sie das Stück auf Deutsch schreiben würde. Abgemacht war ein Text auf Arabisch, der dann ins Deutsche übersetzt werden würde.

Lubna Abou Kheir schrieb in der eigenen Übertragung, Nach-Tragung und Ein-Tragung ins Deutsche ein Stück mit fünf Figuren, Lebenden und Toten, die sich gleichzeitig in Syrien, in Istanbul, in Zürich und dazwischen, im Reich der Toten, bewegen. Maya ist eine junge Frau, die vor wenigen Jahren aus Damaskus nach Zürich gekommen ist und versucht, sich in der Schweiz zurechtzufinden. Ihre Mutter ist auf dem Weg nach Europa in Istanbul gestrandet. Maya möchte sie in die Schweiz bringen, doch die Wege sind nicht leicht.

MUTTER: Ich warte darauf, zurückzukehren oder zu reisen, weil ich festhänge zwischen Europa und Syrien. Ich kann nicht reisen und kann nicht bleiben. Ich bin einen Schritt weit vom Haus, ich bin einen Schritt in der Nähe, aber ich bin auch nur einen Schritt von Europa entfernt … Ich bin Nada aus Syrien und kein Reisekoffer, um leicht zu reisen.

Zum Schluss beschließt die Mutter, Nada, wieder nach Damaskus zurückzukehren. Für die Tochter ein Schock, eine nicht erwartete Entscheidung. Eine Entscheidung, die »eigentlich« niemand fällt. Oder eben doch, doch viele mehr, als wir es hier, in der europäischen Erzählung, wissen?

Zwischen diesen beiden Figuren, die zugleich auch Orte sind, fixe Punkte einer Landkarte bezeichnen, die nicht (mehr) sehr beweglich sind, bewegt sich, frei und fast grenzenlos, »der Fahrer«, der die Weltkarte »schneiden« und neue Wege zusammensetzen kann, er kann die Wege »nochmal zeichnen und nochmal sortieren. Neu anordnen«.

DER FAHRER: Es gibt nichts … Gar nichts ist lächerlicher als du hier zu sein, alleine in diesem Exil.

MAYA: Das ist am Anfang, aber nach ein paar Jahren wird das Exil Vertrauen, Platz, vielleicht wie Heimatland. Die Menschen, die kein Platz zum Leben haben, sie sind, sie können die ganze Welt nehmen oder gehören. Sie können einfach einen anderen Platz nehmen, einen Platz zum Schlafen, jede Straße, jeder Platz, jedes Land zum wohnen, auch wenn sie keinen Platz haben. Sie können schlafen überall. Wie homeless. Sie brauchen kein Papier, keine bestimmte Identität, sie gehen einfach irgendwie und sitzen, dann schlafen.

DER FAHRER: Eure Gesichtszüge. Ihre Gesichtszüge sind immer verloren, die Zeit unterschreibt sie, ihre Falten lassen mich wissen, woher sie kommen?

Der Fahrer hilft Maya und der Mutter schlussendlich nicht beim Zusammenkommen.

Dazwischen, zwischen Leben und Tod, bewegt sich Waddah, ein Soldat in Syrien, der gefallen ist, ein Geist, der sich von der Welt und ihren Rissen nicht löst. Der weiterspricht, nicht zur Ruhe kommend.

Darin, heute oder in einer Zukunft, ein Schweizer Junge, ein Kind oder der Erzähler, es war einmal oder wird einmal sein, man weiß es nicht, eine schwebende Figur. Waddahs Wiedergeburt? Eine Hoffnung? Doch worauf?

Lubna Abou Kheir gibt wenig Antworten, und noch weniger erzählt sie eine stimmige Geschichte. Vielmehr baut sie eine Konstellation, einzelne Figuren, Planeten, sprechende Menschen, gleichzeitig, aber nicht zusammen. Sind das überhaupt Figuren? Wer spricht diese dichten, unerwarteten und wundersamen Sätze? Die Menschen erzählen sich über ihre Sätze, wie ein Gedicht, nicht über ihre Geschichte.

Die Zürcher Zeitung »Tages Anzeiger« schreibt über das Stück:

> Da fügen sich die acht Szenen zwar zu einem irisierenden »Bogen von Damaskus nach Zürich«, so der Untertitel. Aber etliche Zusammenhänge sind eher angedeutet als ausgedeutscht. Das soll so sein: Im gebrochenen Licht sieht man manches klarer. (...) Und allmählich stellt man fest: Die eigene Storysucht wurde auf diese Weise subtil ausgehebelt. Weil kein Melodram ablenkt, bekommt mancher Satz hier einen großen Bahnhof in unserem Kopf.

Was von außen als kluge Form definiert wird und auch ist, entsteht bei Lubna Abou Kheir nicht ausschließlich aus einem zentraleuropäischen, postdramatischen Formbewusstsein, die Fragmentierung der Geschichte und die persönliche Wahl der Sprache sind vielmehr Ausdruck einer Notwendigkeit. So habe ich es zumindest in der Stückentwicklung erfahren können. Tomer Gardi sagt: »Realismus schreiben nur Menschen mit einem festen Wohnsitz und einer Aufenthaltserlaubnis.« Wahrscheinlich ist das eine zu knappe und polemische These, auch weil beispielsweise Lubna Abou Kheir mittlerweile eine Aufenthaltserlaubnis hat. Im Kern beschreibt dieser Gedanke dennoch die Notwendigkeit der künstlerischen Mittel, die sich aus einer unsicheren Lebenslage speisen, in welcher der Begriff »Zuhause« als sicherer Ort noch lange nicht (wieder) geklärt ist. Fragmentierte

Sprache ebenso wie eine fragmentierte Form verweisen in diesem Fall auf etwas, was in sich nicht mehr ganz sein kann: Das Erlebte kann nicht als Ganzheitliches, als heil präsentiert werden. So entsteht aus der Notwendigkeit des Erlebten die Notwendigkeit der formalen Mittel.

Oder die Frage: In welcher Sprache schreibt Lubna Abou Kheir eigentlich?

Als Lubna Abou Kheir beschließt, »Gebrochenes Licht« auf Deutsch zu schreiben, lebt sie seit weniger als drei Jahren in der Schweiz. Ich überlege lange, ob ich diese Information aufschreibe. Ob sie wichtig ist. Ob sie zu eindeutig ist und sofort von den eigentlich spannenden Fragen und Beobachtungen ablenkt. Ob sie verletzend oder auch nur so nervig ist wie die Frage: Woher kommst du? Die Figur Maya würde dazu zu Recht den Satz aus dem Stück sagen: »Kannst du diese Dummheit aufhalten? Ich fühle mich langweilig.«

Und dennoch ist es besonders und einmalig, einer Autorin zu begegnen, die drei Jahre nach der Ankunft in einem neuen Sprachraum einen Theatertext in der Sprache dieses Raumes verfasst.

Ich lese nochmals Paul B. Preciado. Seine Sätze lassen mich, wie die Abou Kheirs, nicht los, ich lese beide parallel und sie begegnen sich, in meiner Lektüre sprechen sie miteinander wie in einem Theaterstück laut und deutlich.

Paul B. Preciado sagt dann zum Beispiel:

> Würden wir das Alphabet als eine Folge von Einschnitte wahrnehmen, könnten wir nicht lesen. Würden wir in jedem Wort der Geschichte der Sprache lauschen, könnten wir nicht sprechen. (...) Andererseits erfordert jede Revolution, sei es eine subjektive oder gesellschaftliche, ein Exil der Stimme, ein Aussetzen der Geste, eine Unterbrechung der Äußerung, eine Wiederaufnahme abgerissener etymologischer Abstammungslinien oder einen klaren Schnitt in die lebendige Sprache, um eine Differenz, eine différance im Sinne Derridas, eine Verräumlichung in sie einzuführen. Sie erfordert, noch einmal mit Derrida, »improvisierte Anarchie«.

Und Lubna Abou Kheir antwortet darauf:

> Viel Material, viele fremde Worte; oder nein, die Worte waren nicht fremd, das ist ich: die Fremde.

Oder:

> Die Menschlichkeit immer repetiert die
> gleiche Dummheit. Sie erfindet die Worte
> und fällt ins Loch dieser Worte.

Lubna Abou Kheir erlaubt sich, ungefragt, die »improvisierte Anarchie«, sie setzt die von einer Mehrheit vorgesehene Reihenfolge außer Gefecht – und legt ihre eigene schreibend fest, lässt sie fließend entstehen. Improvisierte Reihenfolge. Sie unterbricht den gewohnten Lauf, um Preciados Worten zuzuhören, und plötzlich hören wir das Alphabet, hören wir die Sprache, die wir »unsere« nennen, nochmal neu. Hören so zu wie schon lange nicht mehr. Lubna Abou Kheir ist *das Exil der Stimme*, spricht und schreibt sich aus einer unvorhergesehenen Position in die Sprache hinein. Nicht die Sprache sei fremd, sondern das »ich« ist fremd. So einfach scheint ihre Poetik zu sein, so klar lässt es sich formulieren und darin auch leben und wahrnehmen. Denn solange »nur« das »ich« fremd ist und nicht die Sprache, scheint ja die Sprache kein Problem im bekannten Sinn darzustellen.

Lubna Abou Kheir erteilt sich selber die Erlaubnis, in dieser Sprache zu schreiben, denn sie weiß: Von außen wird diese Erlaubnis nie, sehr spät, zu spät oder zu einem falschen Zeitpunkt erteilt werden.

Oft wird die Sprache von Lubna Abou Kheir in Kritiken, Medien und auch von unbeholfenen Moderator:innen irgendwelcher Podien als »gebrochene Sprache« bezeichnet. Dieser Begriff greift zu kurz und eröffnet zugleich eine schiefe Perspektive, die ein Lesen auf Augenhöhe verunmöglicht. Der er- oder gefundene Begriff »gebrochene Sprache« macht ein Verhältnis auf, doch ein Verhältnis zu wem? Tomer Gardi hat »Broken German« als selbstgewählten Titel verwendet, doch wird dieser Begriff von jemand anderem gebraucht, wird es als eine Fremdzuschreibung gesetzt, so wird die Beschreibung einer literarischen Arbeit nicht nur auf ihren Umgang mit der »korrekten« Grammatik reduziert, sondern auch insgesamt zu »einfach« kategorisiert. Als wäre durch diesen Begriff eine neue literarische Kategorie geschaffen worden, die wir von nun an bei Moderationen oder Textbesprechungen verwenden können, und alle nicken und sind sich dabei sofort einig; als wüssten alle, was damit gemeint wäre, und auch, warum und mit welcher Absicht ein:e Autor:in so schreibe. Beziehungsweise wird oft vermutet, dass es dahinter keine Absicht gibt, sondern dass es die einzige Möglichkeit ist, die der Autorin oder dem Autor zur Verfügung steht. Eine literarische Kategorie, die zu schnell auf die Biografie einer Autorin oder eines Autors verweist und weg von Inhalten, von Form und ja auch von Sprache als Literatur zeigt. Weg von der Möglichkeit, dass hinter all dem eine künstlerische Handschrift liegt, eine Absicht, die genauer betrachtet werden sollte.

War »gebrochene Sprache« nicht immer schon Teil der Literaturgeschichte?

Warum sollte es jetzt so neu sein, so aktuell, so besonders? Wird damit nicht wieder exotisiert? Gibt es nicht immer schon Autor:innen aus unterschiedlichen Sprachräumen, in unterschiedlichen Zeiten, die auf Deutsch schrieben, schreiben mussten, schreiben wollten? Gibt es nicht auch da eine Linie, eine Verbundenheit, überhaupt einen literarischen Raum, der schon lange ein deutschsprachiger literarischer Raum ist?

Wurde nicht unendlich viel literarisch ausprobiert, um Sprache zu brechen, zu verändern, auszustellen – auch losgelöst von Biografie, Vielsprachigkeit und Migration?

Und nun sollen diese literarischen Herangehensweisen so oft auf die Literatur von Menschen, deren erste Sprache nicht Deutsch ist, reduziert werden?

Und was ist mit jenen, deren erste Sprache nicht Deutsch ist und die nicht in einer gebrochenen Sprache schreiben? Führt diese Kategorie im Umkehrschluss nicht auch dazu, dass der biografische Hinter- oder Vordergrund einer Autorin oder eines Autors dauernd auf seinen oder ihren Sprachgebrauch hin betrachtet wird?

Gibt es denn diese andere Sprache? Gibt es überhaupt eine nichtgebrochene literarische Sprache? Macht nicht erst die gebrochene Sprache eine anscheinend ungebrochene Sprache möglich? Warum?

Die literarische Qualität scheint, wenn »gebrochene Sprache« im Raum steht, anhand von Verständnis gemessen und von außen, von jemandem, der anscheinend ungebrochen spricht, bewertet zu werden. Wie in einem Schulsystem. So einfach, so übergriffig und so schnell können und dürfen wir es uns nicht machen.

Nur das Licht bricht sich bei Lubna Abou Kheir, bricht sich in tausend Farben, bricht nicht in Teile oder Scherben. Im Gegenteil, es entsteht dabei ein Theaterstück und danach entsteht noch eines und bald viele mehr ...

Ich würde mich gerne anlehnen an einen Text von Uljana Wolf, SPRACHE GUTER HOFFNUNG, sie erzählt darin von einer reisenden Sprache und vom »weit gereisten Wissen«, sie erzählt

> dass Sprache dem, der sie spricht, nicht gehört; dass Sprache eine Sache lokaler Identitäten ist, die sich permanent austauschen und überall bilden können, nicht unbedingt nur als festgelegte Identitäten auf den Territorien sogenannter Nationalstaaten. Und dass Sprache, so verstanden, mehr Asyl ist als Heimat.

Wenn jede hierher mitgebrachte Sprache etwas Wandelbares wird, etwas, das sich im Reisen verwandelt und sein oder ihr Gepäck mitnehmen, mitbringen darf, wenn die Reise in ihr klingen darf und sich darin eine Ankunft erzählen kann, wenn sie hier mitmischen und mitsprechen darf, dann landen wir doch überhaupt erst in der Gegenwart, in einem gemeinsamen Jetzt. Nur wenn das Exil der Stimme nicht für immer ein Außen darstellt, keinen Unterbruch, der dauernd stört, sondern einen, der den Fluss, in dem wir uns alle bewegen, in dem wir alle zusammen schwimmen, nach und nach breiter macht, kann die Sprache auch wirklich die Gegenwart, die sie jeweils umgibt, verwandeln und zu dieser werden. Denn die Sprache eines jeden ist immer nur Asyl. Ist nicht stabil, ist nicht Heimat als fest definierter Grund, ist nicht Eigentum. Von niemandem. Denn nicht die Sprache ist fremd, »das ist ich: die Fremde«.

Schließlich beschreibt Uljana Wolf die Gedichte des mazedonischen Lyrikers Nikola Madzirov, und ich möchte ihre Worte kurz entleihen und sie auch als Gedanken zu Lubna Abou Kheirs Theaterstücken und Texten lesen, ohne zu vergleichen, als Echo, das mich an Lubnas Schreiben erinnert, wenn Uljana Wolf von instabilen Identitäten schreibt, deren Erinnerungen und Orte ebenso wie Nichtorte sich eben zu keiner einfachen, zu keiner einzigen Erzählung bringen lassen.

> Und doch findet sich auch bei Nikola Madzirov ein Bekenntnis zur Kontinuität – es ist dies die Kontinuität der wandernden Namen, der Beweglichkeit von Sprache und Geschichte, das Bewusstsein, dass die Geschichte vielen gehört und die Sprache auch dem Anderen. Erst wenn dieses Wissen selbstverständlich wird, kann die Bedeutung der Sprache als exklusives Identitätsmerkmal zurücktreten zugunsten eines durchlässigen, entspannteren, nicht-exklusiven Umgangs mit Sprache, Identität und Nation.

Verweilen wir bei der Selbstverständlichkeit, die Uljana Wolf herbeidenkt. Verweilen wir beim Zurücktreten des exklusiven Identitätsmerkmals der Sprache. Zurücktreten soll die Sprache von ihrem Selbstverständnis, dass durch sie das Gefühl, dazuzugehören, produziert wird. Dass durch den Erwerb der dominanten Sprache eines Ortes zugleich auch das Dazugehören zu diesem Ort eintritt und dass das daran gemessen wird, wie gut diese Sprache gesprochen oder geschrieben wird.

Verweilen wir bei diesen Worten und stellen wir uns vor, wie dieses exklusive Identitätsmerkmal der Sprache langsam in den Schatten tritt, wie es langsam nach hinten tritt, während viele Sprachen sich zugleich verbreiten. Verlassen wir eine Gesellschaft, die sich andauernd über die eigene Identität, die eigene Sprache bestätigt und identifiziert und die sich dabei immer in ein ausschließendes Verhältnis zu den »Anderen« setzt. Verlassen wir diesen Fetisch, der täglich neu produziert wird, zugunsten des Bewusstseins, »dass die Geschichte vielen gehört« und die Sprache allen. Es gibt kein Zentrum. Es gibt eben keine Hauptsprache. Es gibt weder eine gebrochene noch eine ungebrochene Sprache.

Mir gehört nichts. Und dir auch nicht.

Wir sind alle Teil einer bewegten Geschichte und vieler Sprachen, überall ein Echo, ein Widerhall, eine Variation. Alles in Bewegung.

Diese durchlässige, entspanntere und nichtexklusive Sprache könnte die Sprache sein, die Lubna Abou Kheir spricht. Lubna Abou Kheir selber sagte mir oft, dass sie, wenn sie auf Deutsch schreibe, das Arabische direkt ins Deutsche hinein übersetze, sowohl die Denk- als auch die Sprechweise. So vermischen sich beide Sprachen im Deutschen, bewegen sich ineinander und aufeinander zu, so bricht sich das Deutsche im übersetzten Arabisch, beide Sprache brechen sich wie Wellen in einem gemeinsamen Meer.

Es könnte die Sprache vieler werden, jedes Mal ganz eigen verwendet, wie das schon über Jahrzehnte auch geschieht; und ja, diese Sprachen brauchen neue Beschreibungen, neue, genaue Beobachtungen, neue Texte, neue Besprechungen und nicht einfach einen Begriff, der über sie gestülpt wird. Es könnte ein Weg sein zu einem Narrativ, das uns unsere Gegenwart etwas feiner, etwas weicher, eben etwas durchlässiger erfahren lassen würde. Es sollte und könnte unsere gemeinsame Sprache sein.

Eingewanderte und eingebildete Wörter
dagegen sind intrauterin voller Hoffnung,
weil sie Reisende sind, Reisende bleiben,
die Bewegungen der Sprachen in ihnen wohnen.
Uljana Wolf

BRIEFWECHSEL
LUBNA ABOU KHEIR UND IVNA ŽIC

Weil Groll am Scheideweg schön ist, Lubna 2012–2021
Erster Brief an Ivna

4. Januar 2021, Montag,
5. Februar 2012, Sonntag,
Nein, einen Moment …

Immer wieder verrät mich die Erinnerung …

Damit das Bild genauer wird: Das ist passiert an allen Tagen und es ist los, und wird immer wieder passieren, vielleicht in anderen zehn Jahren Krieg, und es ist: ein Gefühl.

Ein Gefühl, das aus dem Darm kommt und durch den Magen geht,

übt Druck auf das Zwerchfell aus und bildet Kurzatmigkeit. Der Brustkorb wird flach wie eine Plastiktüte ohne Luft (Vakuumbeutel).

Alles wird eng, auch das Feld der leichten leuchtenden Schmetterlinge (biolumineszierende Insekten) erstickt, das Feld, das Vergnügen ausstrahlt und in Liebessituationen den Magen kitzelt.

Vom Arsch wird der Befehl erteilt, das Denken und die Logik vom Kopf zu nehmen, und alles wird zusammengedrückt und geschrumpft, so dass das Blut im Gehirn langsamer zirkuliert und der Körper zusammenbricht und auf die Erde prallt.

Der Strom der Tränen schließt sich diesem Karneval

des Schmerzes an und drückt seine Meinung darüber aus, was passiert und fließt und fließt.

Die Diagnose lautete: »Abwesenheit der Logik«.

Also, liebe Ivna, der Groll am Scheideweg ist schön.

Die Liebe zum Aufbruch, die Anziehungskraft zum Bleiben *Zweiter Brief an Ivna*

03.2020
Ich öffnete meinen roten Koffer, dreißig Kilo schwer. Er war voller Spielzeug und sehr kleiner Dinge. Es gab keine Bücher, keine Kleidung, nur Bilder und Details …

Ja, die Details … Wie oft am Tag sterben wir wegen der Details?

Details: Gerüche, Augenblicke, Staub auf den glänzenden Schuhen,

dunkle Flecken auf weißen Oberflächen folgen Löchern in den schönen, teuren Markensocken, und wir folgen rechten Winkeln und Dreiecken in den Badezimmerfliesen.

Diese Details gehören zu bestimmten Orten, Orten, die, wenn sie von ihren Details ausgeschlossen werden, fremd sind.

Am 03.03.2020 fing ich an, den Koffer auszupacken.

Er war voll mit kleinen Plastiksoldaten aus Russland. Mein Onkel brachte sie uns mit, als er dort war, und ich weiß nicht, was es bedeuten soll, uns Soldaten zu schenken.

Im Koffer gibt es eine Tasse, in die wir Buntstifte und Bleistifte gesteckt haben

Es gibt einen Glaskuh-Salzstreuer

Es gibt Notizbücher mit Gedichten voller vulgärer Liebe

Es gibt Seifenblasen

Es gibt Stühle und Holztische und Cafés

Es gibt Männer, die von der Liebe und der Religion zerstört wurden

Es gibt die Langeweile des Freitags

Es gibt und gibt und gibt.

Meine liebe Ivna, all diese Details haben ihren Platz in unserem Haus in Syrien. In meiner neuen Wohnung habe ich versucht, einen Platz für sie zu bauen, und bin gescheitert, der Platz hat sich nicht dem Wunsch der Erinnerungen gebeugt.

Also legte ich mich in den Koffer hinein und stülpte ihn wie eine schmutzige Socke um, deren Reinigung tausend Umdrehungen in der Waschmaschine erfordert.

Die Zerbrechlichkeit der Details beherrschte mich so, dass ich gehen wollte, aber die Schwerkraft zwingt mich, hier zu bleiben.

Liebe Ivna: Das Schreiben ist manchmal eine Alternative zur Psychotherapie.

Wenn wir sprechen, sprechen wir Gegenwart
Erster Brief an Lubna

13. August 2021, Europa

Liebe Lubna,

kürzlich wurde ich gefragt, ob mein Name ein Tippfehler sei.

Namen sind Lose, las ich einst und schreibe es nach, schreibe es fort, in diese lose Lücke hinein. Begegnungen sind ebenfalls Lose, wenn sie bleiben, füllen sie etwas auf. Manchmal eine Lücke, von der wir davor nichts wussten, die wir nicht in uns ahnten. Doch ist der neue Mensch da, ist die Begegnung eine Kette, die bleibt, fragen wir uns nach dem Davor und wollen die fehlende Zeit, die nicht die gemeinsame war, so schnell es geht nachholen. Das ist Beziehung. Unerwartete Sehnsucht nach gemeinsamer Geschichte. Beziehung ist Erzählung.

Namen sind Lose, so auch der Name unserer Geburtsstadt, der Großmuttername, verdeckt durch die Heirat mit einem Mann, der Straßenname des Elternhauses, der Name des ersten Kusses, der Name der ersten Beleidigung, die wir erfahren – und schließlich auch der Stadtname, der heute unseren Wohnort benennt und unsere Begegnung mitschreibt.

Liebe Lubna, Deine fünf Buchstaben und meine vier, rätselhaft verschlungen, freundschaftlich tanzen sie durch Gassen, die von ihnen davor nicht gehört haben.

Wir verbinden uns mit Straßennamen, die uns nun auch umgeben, die ohne unsere Geschichten lange standen und nun in Erwartung dieser zuhören.

Liebe Lubna, wenn wir sprechen, sprechen wir Gegenwart. Du und ich auch. Nicht gleich, eher anders, manchmal unerwartet ähnlich, nur manchmal, doch gegenwärtig zusammen. Findest Du das auch?

Unsere Geschichten schwingen und verästeln sich, umschlingen andere Buchstaben, Worte, die wir suchen, die wir finden.

Manchmal fragen sie uns: Ist das ein Tippfehler?

Und wir sagen, klar und ehrlich: Nein.

Nein, das ist unsere Sicht- und Hörweise, das ist unser Geschmack, unsere Mundbewegung in dieser Sprache, das ist unser Rhythmus – das ist unsere Verbindung, in der wir Gegenwart mitschaffen. In der wir Raum schaffen, ihn vergrößern, in dem wir alle leben. So hören und fühlen wir.

Und wir fragen euch: Kommt ihr dazu?

Und wir bitten euch, höflich, aber ebenso klar und ehrlich, uns neue Fragen zu stellen.

Herzliche Grüße
Deine Ivna

SECHZEHN BUCHSTABEN EINER NEUEN ERZÄHLUNG

> Ich betrachte alles mit Staunen. Meine alte Sprache und meine neue. Zum ersten Mal vernehme ich die Geschichte der Sprache, fühle ich die Fremdheit der Umrisse des Alphabets. Wie Autoscooter höre ich die Etymologien aufeinanderprallen.
>
> *Paul B. Preciado*

Ich habe angefangen, das arabische Alphabet zu lernen. Von der Sprache kann ich noch nicht sprechen, aber vom Alphabet. Zurzeit kann ich 16 von 28 Buchstaben. In der ersten Form. Ich habe seit dem Abitur keine neue Sprache gelernt. Noch nie eine andere Schrift. Wenn ich eine Straße entlanggehe, klingt es zurzeit in meinem Kopf: Alif, Ba, Ta, Tha …

Als ein Anfang, von rechts nach links.

أ ب ت ث

Nichts ist mir dabei selbstverständlich, nicht die Buchstaben, nicht ihre Form, nicht ihr Klang. Neuland, neue Bewegungen, es gibt eine Landkarte, doch sie muss noch gelesen werden, die Zunge sucht:

Alif, Ba, Ta, Tha, Dschim, Ha, Kha – und dann bleibe ich meist stecken.

Dal. Genau.

Nicht die Reihenfolge, nicht die Stiftführung ist selbstverständlich, vielleicht nur die wundersame Erfahrung, dass es für eine Linkshänderin tatsächlich so viel einfacher ist, von rechts nach links zu schreiben. Wie ich das damals als Kind ganz von selbst getan habe. Es geht mir von der Hand – die Frage ist nur: was? So bleibt diese Hand immer wieder stecken, verbindet sich noch nicht fließend mit den Gedanken, mit dem Denken, vor allem dem Nachdenken über den nächsten Buchstaben und in diesem Stehen- und Steckenbleiben spürt die Hand die Buchstaben. Ich lerne und schaue, schreibend und lesend, einer Sprache dabei zu, wie sie entsteht.

Wenn ich mir vorstelle, in drei Jahren ein Theaterstück auf Arabisch zu schreiben – ich muss den Gedanken nicht zu Ende denken, es befällt mich schiere Panik. Eine Herausforderung, ja, aber auch eine Beklemmung. Die Beklemmung, diese Sprache, meine Schreibsprache, die mir eben von der Hand geht, die zwar weder meine Mutter- noch meine Vatersprache ist, aber zu jener Sprache geworden ist, in der meine Finger über die Tastatur wie über ein gut gelerntes Instrument fliegen, das man seit Jahren, seit dem Vorschulalter, täglich übt, die sich mit dem Denken und Fühlen durch die tippenden Finger und die schreibenden Hände wie mit unsichtbaren Fäden verbindet, die erinnert, die einen Rhythmus hat, der jede dieser Parteien in Bewegung versetzt, herausfordert, fließen lässt, sich verbinden lässt, verdichten, erzählen.–

Wenn ich daran denke, diesen Fluss, diese gefundene Verbindung zwischen den Fingern und der Welt – und diese Verbindung ist ein Geschenk und niemals eine Selbstverständlichkeit –, wenn ich daran denke, diesen

Fluss gegen einen anderen zu tauschen, spüre ich, ohne es zu wollen, zunächst Verlust.

Und dann erst: Herausforderung. Räume. Noch nicht gedachte Möglichkeiten.

Natürlich bin ich weder in der Not noch in der Verpflichtung einer Umgebung gegenüber, Arabisch schnell und fließend zu lernen, um in einem Land »besser« anzukommen; um mich dort zu verständigen, sprechend, schreibend.

Und doch: In meinem kleinsten, selbstgewählten Ort, wo wir zwischen vier Sprachen im Minutentakt wechseln können – je nachdem, wer gerade wen anspricht, wer wen anruft (Großeltern, Eltern, Partner, Partnerin, Kind), wer die Elternrolle trägt, wer die Kinderrolle übernimmt, wer die gemeinsame Zwischensprache, die vermittelnde, wählt. Ob wir zu zweit oder zu dritt oder mehrere sind. An diesem selbstgewählten Ort, in dieser verwobenen Landschaft möchte ich Arabisch verstehen und Arabisch sprechen. Und Arabisch singen irgendwann. Und Arabisch lesen. Die Sprache, die keiner spricht, wie Bashir sagte, ist in meiner Umgebung, in der von mir durchmessenen Landschaft, tägliche Realität. Mitten in der Schweiz.

What is your relation? könnte auf Deutsch übersetzt werden mit der Frage: Was ist deine Erzählung? Erzählung und Beziehung, beide deutschen Worte stammen vom englischen »relation« ab. Meine Verhältnisse prägen meine Erzählungen. Sie sind mein Erzählen: woher erzählt wird und zu wem. Auch für wen. Auch von wem. Auch in welchen Sprachen.

Die Schweizer Broschüre ECHO mit dem Nachhall von Sprache im Titel hätte sich vielleicht auch fragen sollen: Was ist meine Erzählung? Was ist mein Verhältnis? Für eine Relation braucht es immer mindestens zwei Seiten, zwei Personen. Für eine tatsächliche Relation sollten beide, so machtfrei das möglich ist, so gut es geht: gleichwertig erzählen und zuhören.

In welchen Sprachen sprichst du?
Welche Geschichte erzählst du?
Man könnte diese Fragen gleich beantworten.
Meine Beziehung tanzt meine Sprache.
Meine Relation ist eine neue Erzählung.
Meine Erzählung basiert auf einer neuen Relation.
Relocation macht Erzählung,
Verhältnisse spannen Orte,
meine Locations sind meine Vocations,
meine Sprachen sind meine Orte.

Wäre es nicht an der Zeit, neue Fragen zu stellen?

Wären bei einer Einbürgerung nicht neue Fragen an der Reihe?

Auch bei der Ankunft in einem Land, beim Asylantrag, beim Antrag auf eine Aufenthaltsbewilligung, Niederlassung, beim Arbeitsrecht …

Paul B. Preciado schreibt in seinem Text »Ich möchte leben«:

> Politik ist ein fiktionaler Text, unsere Körper sind die Bücher, in die er gedruckt wird. In dieser Fiktion ist alles möglich: Eine Mauer zwischen den Vereinigten Staaten und Mexico, Abriegelung der Grenzen für alle Reisenden mit arabischem Pass, Privatisierung der öffentlichen Gesundheitsversorgung etc.

Preciado verwendet hier das Schreiben als Metapher, die er über politische Vorgänge legt. Denn während das Schreiben insoweit immer eine Fiktion bleibt, als die dabei ausgedachten Inhalte ihre Konsequenzen auf einem Blatt Papier verhandeln (und dabei natürlich Reaktionen über dieses hinaus provozieren können, von sich aus aber nicht direkt in die Realität eingreifen), springen die von der Politik erdachten »Fiktionen« oder Inhalte auf tatsächliche Körper über, in den real politischen Raum. Auf dem weißen Blatt der Politik scheint alles möglich zu sein, jeder Gedanke kann gedacht werden, doch das Papier, auf das sich politische Gedanken und Entwürfe übertragen, sind echte Körper. Politik ist so ein fiktionaler Text, der sich in eine Einbürgerungsprüfung verwandeln kann, die sich in einem echten Pass materialisieren kann; oder auch in einer Ablehnung dieses Passes.

Der davon betroffene Körper befindet sich im Transit, auf dem Weg. Der Prüfungsraum ist der Wartesaal, in dem die richtige Währung erwartet wird, um die Reise fortzusetzen. In diesem Transit wird das Buch neu geschrieben; der Körper wird neu bedruckt.

»Was in Transition treten muss, ist daher der gesamte politische Raum«, schreibt Preciado weiter und dreht den Transit um, verdreht den Begriff, schreibt ihn neu, nicht die Bewegung der Körper ist störrisch, störend, nein, das starre System ist es, das diese neuen Leben und ihren fragilen Alltag stört, das daher in Bewegung treten muss, um all den bewegten Leben um sich herum gerecht zu werden.

Hätte ich an meinem selbstgewählten Ort, der Schweiz, entschieden, meinen selbstgewählten Partner 1952 zu heiraten, hätte ich meinen mit fünfzehn Jahren erlangten Schweizer Pass wieder abgeben müssen. Die sogenannte Heiratsregel führte dazu, dass Schweizerinnen, die einen Nichtschweizer heirateten, bis 1952 ihre Staatsangehörigkeit abgeben mussten. Gesetzlich ist das nicht wirklich verankert, es ist ein sogenanntes Gewohnheitsrecht, das aus der Vereinbarung zwischen den Kantonen entspringt, die seit 1808 besagt, dass Frauen bei der Heirat ihren Bürgerort abgeben und den Bürgerort des Ehemannes übernehmen. Diese wurde dann, wie selbstverständlich, auch auf Ehen zwischen Schweizerinnen und Nichtschweizern angewandt. Während umgekehrt, daraus folgend, jedoch nur bis 1992, Nichtschweizerinnen bei Heirat mit einem Schweizer automatisch das Schweizer Bürgerrecht erhielten.

Der Verlust der Schweizer Staatsbürgerschaft hatte schwerwiegende Folgen, die man bis heute nachvollziehen kann: Es kam neben dem unsicheren Aufenthaltsstatus teilweise zu einem Berufsverbot für die Frauen, zum Beispiel für Beamtinnen oder Lehrerinnen in der Schweiz. »Hinzu kommt, dass gefährdete Frauen im Ausland keinen diplomatischen Schutz genießen, was etwa für ehemalige Schweizer Jüdinnen im Zweiten Weltkrieg fatal ist«, schreibt das Portal swissinfo.ch. Schutz, der bis heute wichtig ist. Schutz, den manche Menschen in der Schweiz suchen. Schutz, der Menschen zustehen und nicht wieder genommen werden sollte. Und warum? Aus Liebe? Aus Liebe zu einem Menschen?

Wird heute ein Kind in der Schweiz von einer Mutter ohne Schweizer Pass geboren, übernimmt das Kind automatisch den Aufenthaltstitel der Mutter. Im Ausweis des Kindes gibt es dann eine besondere Anmerkung: Das Geburtsdatum wird zum Einreisedatum.

Eingereist qua Gebärmutter. Geburt als Einreise. Nicht geboren, sondern eingereist, eingewandert, emigriert. Kein Anfang also, sondern schon mittendrin, mitten in der Reise, in der Bewegung, mitten im Aufnahmeverfahren, doch woher? Wohin?

Ich frage daher nochmals:

Wäre es nicht an der Zeit, neue Fragen zu stellen?
Wäre es nicht an der Zeit, neue Begriffe zu suchen?
Wäre es nicht an der Zeit, den einander ins Wort fallenden Sprachen mehr Raum zu geben?

Wäre es nicht an der Zeit, die Sprache an die Gegenwart anzupassen?
Und an die Vergangenheit?

Was machst du damit?, fragte mich Bashir beim Abendessen, nachdem ich die Broschüre ECHO fotografiert hatte.

Ich weiß es nicht, sagte ich damals.

Und jetzt sage ich: Erzählen. Ich muss diese Inhalte, wir müssen sie erzählen. Immer und immer wieder erzählen. Und dabei sollten wir stets genauer werden. Genauer hinhören. Hinschauen. Zuhören.

Und ich fange an. Ich erzähle es Freunden beim Kaffee, Bekannten bei einem Geburtstagsfest, ich fange bei den Nächsten an und dann ziehe ich die Kreise größer.

Ich werde eingeladen, bei der Saisoneröffnung eines Literaturhauses einer Stadt in der Schweiz etwas zu sagen. Und ich erzähle es den Anwesenden, dem Publikum. Ich erzähle von der Statistik in der Broschüre ECHO und frage, welche Sprache, welche Sprachen denn nun wirklich an zweiter Stelle stehen sollten. Ich frage, wie eine Reihenfolge entsteht.

Die Leiterin des Literaturhauses schreibt mir danach eine Mail und fragt mich nach der Quelle. Ich schicke ihr ECHO zu.

Sie beginnt auch, es zu erzählen, und erwähnt die Statistik bei einem Symposium zur Vielsprachigkeit in der Schweiz.

Eine Woche später ruft mich Bashir an. Ich komme aus einer Besprechung, mitten in Zürich, und sehe vier verpasste Anrufe, ich rufe sofort zurück. Bashir, ist alles gut?, rufe ich aufgeregt ins Telefon.

Schau, was du bewegt hast, schau, was du gemacht hast, lacht er, auch etwas aufgeregt. Er schickt mir einen Link zu einem großen Artikel, der eben im digitalen Magazin REPUBLIK erschienen ist. Der Journalist der Zeitung saß in der Veranstaltung zur vielsprachigen Schweiz, hörte von ECHO, ich vermute, er bestellte die Broschüre, las darin, lernte eine neue Sprache der Schweiz kennen, schrieb darüber, schrieb über eine etwas schiefe Statistik und die Frage nach der Reihenfolge von Sprachen, und dann lasen Menschen.

Ich setze mich in ein Café und lese den Artikel in Ruhe.

Danach schaue ich auf den Platz vor mir, schaue mir die Menschen an, den Tag, den sie leben, ihre Bewegungen, ihre Gespräche, ihre Hände, ihre Sprachen.

Ich schaue aufs Handy.

Bashir schrieb schon vor zwanzig Minuten: Und?

Ich schreibe zurück: Wir haben das gemacht, Bashir. Niemand bewegt etwas allein. Das ist Vervielfachung, die in Bewegung ist. Das ist Begegnung. Das ist vielleicht *relation*.

Er schreibt: Und jetzt?

Ich schreibe: Weiter sprechen. Weiter erzählen. Wir müssen es erzählen. Immer wieder erzählen.

Und nach einer kurzen Pause ergänze ich: Ich werde darüber schreiben, in aller Ausführlichkeit versuchen, es noch genauer zu erzählen. Der Text wird heißen: Wenn wir sprechen, sprechen wir Gegenwart.

NACHWEISE

ICH FRAGE DICH NICHT, WER DU NICHT BIST

Dieser Text wurde für die Hamburger Poetikvorlesung 2020 an der Theaterakademie der Hochschule für Musik und Theater Hamburg verfasst. Abdruck der gehaltenen Rede:https://nachtkritik.de/index.php?option=com_content&view=article&id=18752:die-hamburger-poetikvorlesung-der-dramatikerin-ivna-zic&catid=53&Itemid=83, letzter Zugriff Januar 2023.
GASTFREMD – Ausschnitte dieses Kapitels wurden im Magazin des Schauspielhauses Wien abgedruckt. 2. Magazin (Dezember/Januar/Februar) der Spielzeit 2018/19, S. 23.

Quellen:

ICH FRAGE DICH NICHT, WER DU NICHT BIST ist ein Zitat aus Susan Howes Essay *Sorting Facts; or, Nineteen Ways of Lookig at Marker*, in: *Framework. The Journal of Cinema and Media*, Vol. 53, No. 2 (Fall 2012), S. 380–428.

Audre Lorde, »Poesie macht etwas möglich«, in: AnouchK Ibacka Valiente (Hg.), *Vertrauen, Kraft & Widerstand. Kurze Texte und Reden von Audre Lorde*, Berlin, Hiddensee 2019; S. 70–75, hier S. 70.

Paul B. Preciado, »Etymologien«, in: ders., *Ein Apartment auf dem Uranus. Chroniken eines Übergangs*, Berlin 2020; S. 204–207, hier S. 204 f.

MIT DEM TOD WACHT DIE SPRACHE AUF –
Eine Großmutter-Poetik

Die Passage S. 15–21 wurde als in sich geschlossener Text für die Ausstellung »The End-My Friend? Umsorgt in den Tod« von Friedhof Forum, Stadt Zürich, abgedruckt. Publikation: Reto Bühler und Katja Wolf (Hg.) *The End-My Friend? Umsorgt in den Tod*, Zürich 2021, S. 31–37.

Quellen:

Sandra Cisneros, »A House of My Own«, in: ders., *A House of My Own. Stories from My Life*, New York 2016; S. 270–288, hier S. 271 und S. 274.

Franziska Schutzbach, *Die Erschöpfung der Frauen. Wider die weibliche Verfügbarkeit*, München 2021, S. 20 f.

Virginia Woolf, *Ein Zimmer für sich allein*, Zürich 2021, S. 64, S. 64 f.

Zitat im Original: »Budući da je bio veliki manjak stručno obrazovanog učiteljskog osoblja koje je moglo preuzeti teret opismenjavanja na materinskom jeziku, pristupa se organizaciji učiteljskih tečajeva kojima će se nastojati dati elementarna znanja kandidatima kako bi mogli bar donekle ublažiti probleme vezane uz školstvo i jezik kao temelje nacionalnog bića.«, {osnovnaskolakrk.hr/krk/povijest-skole/}, letzter Zugriff Oktober 2021.

»Vrbniče nad morem…«, {zaspal-pave.ustanova-imronjgov.hr/pjesma=565}, letzter Zugriff Oktober 2022.

BLEI. LANDSCHAFTEN – Eine Großvater-Poetik

Die Gespräche in diesem Text lehnen sich an Interviews an, die für das Theaterstück *Blei* zwischen 2016–2017 geführt wurden.
Die Namen der Gesprächspartner wurden aus Rücksichtnahme geändert.
Blei. (Uraufführung) von Ivna Žic. Regie: Tomas Schweigen, Bühne: Stephan Weber, Kostüme: Anne Buffetrille, Musik: Jacob Suske, Dramaturgie: Anna Laner, Video: Michael Schindegger. Mit: Vera von Gunten, Jesse Inman, Sebastian Schindegger. Schauspielhaus Wien 2017.

Quellen:

Walter Benjamin, »Der Erzähler. Betrachtungen zum Werk Nikolai Leskows«, in: Rolf Tiedemann, Hermann Schweppenhäuser (Hg.), *Gesammelte Schriften II*, Frankfurt am Main 1991, S. 438–465, hier S. 439.

Bundesministerium für Inneres, »Bericht der ExpertInnengruppe »Bleiburg«. III-491 der Beilagen XXVII. GP – Bericht – 02 Hauptdokument«, Wien 2021, {www.bmi.gv.at/news.aspx?id=4834616951752F412F45593D}, letzter Zugriff Januar 2023.

»Der Unwille der Behörden in Bleiburg«, {www.no-ustasa.at/allgemein/1533/behoerden-und-bleiburg/?fbclid=IwAR1Zp-UfC4GVFrqOJYHqy69LQFN1ce8o3vGe2t_IthcSgR2ufruLn-p4ZlI}, letzter Zugriff Oktober 2022.

»Veränderungen des Gedenkorts Bleiburg/Pliberk seit 1945«, {www.no-ustasa.at/allgemein/577/veraenderun

gen-des-gedenkorts-bleiburg-pliberk-set-1945/#v19}, letzter Zugriff Januar 2023.

Parlamentskorrespondenz Nr. 81 vom 27.01.2022, {www.parlament.gv.at/PAKT/PR/JAHR_2022/PK0081/index.shtml}, letzter Zugriff Oktober 2022.

Parlamentskorrespondenz Nr. 289 vom 17.03.2022, {www.parlament.gv.at/PAKT/PR/JAHR_2022/PK0289/#XXVII_III_00491}, letzter Zugriff Oktober 2022.

Ljiljana Radonić, *Krieg um die Erinnerung. Kroatische Vergangenheitspolitik zwischen Revisionismus und europäischen Standards*, Frankfurt am Main 2010, 98 f.

Sabrina P. Ramet »Nezavisna Država Hrvatska – Uvod«, in: ders. (Hg.), *Nezavisna Država Hrvatska. 1941–1945*, Zagreb, 2008. S. 7–20, hier S. 7.

Olivera Stajić, »Die halbe Wahrheit von Bleiburg«, in: *Der Standard*, 06.06.2017.

Bildquelle S.40: {www.cosy.sbg.ac.at/~zzspri/lifestories/YouthOrgs.html}, letzter Zugriff Januar 2023 *(durch diese Seite wird der tatsächliche Name von »Herrn Skakač« offengelegt, ich weiß nicht ob das gut ist).*

WENN WIR SPRECHEN, SPRECHEN WIR GEGENWART

Gebrochenes Licht قــوس قــزح. Ein Bogen von Damaskus nach Zürich, von Lubna Abou Kheir, UA 01.11.2019, Theater Neumarkt, Zürich, Schweiz. Regie: Ivna Žic. Ausstattung: Sophie Reble. Musik: Matija Schellander. Dramaturgie: Julia Reichert. Mit: Anna Hofmann, Jakob Leo Stark, Sascha Ö. Soydan, Rahel Sternberg und Aurel Kuthy.

Quellen:

Lubna Abou Kheir, *Gebrochenes Licht* قـوس قـزح. *Ein Bogen von Damaskus nach Zürich*, Bühnenfassung, Zürich November 2019.

ECHO Informationen zur Schweiz. Herausgegeben durch HEKS Hilfswerk der Evangelisch-reformierten Kirche Schweiz, Geschäftsstelle Ostschweiz; St. Gallen; aktualisierte Auflage 2020. Unterstützt durch den Integrationskredit des Bundes (SEM/EKM).

Claudia Gschweitl, »Broken German. ›Wie sagt man auf Deutsch?‹ Spracherkundungen mit dem Schriftsteller Tomer Gardi«, 27.10.2019, {oe1.orf.at/programm/20191027/574767/Broken-German}, letzter Zugriff Mai 2022.

Daniel Graf, »Die Schweiz ist kein viersprachiges Land«, in: REPUBLIK, 13.10.21, {www.republik.ch/2021/10/13/die-schweiz-ist-kein-viersprachiges-land}, letzter Zugriff Juni 2022.

Alexandra Kedves, »Die Syrerin wartet auf ihre Papiere, der Schlepper auf sein Geld«, in: Tages-Anzeiger, 02.11.2019, {www.tagesanzeiger.ch/die-syrerin-wartet-auf-ihre-papiere-der-schlepper-auf-sein-geld-913267764873}, letzter Zugriff Oktober 2022.

Paul B. Preciado, *Ein Apartment auf dem Uranus. Chroniken eines Übergangs*, Berlin 2020, S. 205, 288.

Philippe Wanner, Ilka Steiner, *Einbürgerungslandschaft Schweiz. Entwicklungen 1992–2010*, Bern 2012, S. 16.

Dieser Briefwechsel entstand im Rahmen des Projekts »Weiter Schreiben Schweiz«, 2021, {https://weiter-schreiben-schweiz.jetzt/}, letzter Zugriff Juni 2022.

Uljana Wolf, »Sprache guter Hoffnung«, in: ders., *Etymologischer Gossip. Essays und Reden*, Berlin 2020, S. 92–97, hier S. 93.

Silke Margherita Redolfi, »Nach der Heirat ausgebürgert«, {www.swissinfo.ch/ger/gesellschaft/nach-der-heirat-ausgebuergert/46811610#.YpXFMm1ls00.whatsapp}, letzter Zugriff Juni 2022.

DIE AUTORIN DANKT

Eva-Maria Voigtländer und der Theaterakademie Hamburg für die verlockende Einladung, eine Poetikvorlesung zu schreiben.
Lubna Abou Kheir und Julia Reichert für ein leuchtendes Jahr des gemeinsamen Denkens, Sprechens und Erfindens; dem Theater Neumarkt und dem gesamten Team für »Gebrochenes Licht«.
Tomas Schweigen, dem Team von »Blei« und dem Schauspielhaus Wien für eine ausufernde und unnachgiebige Recherche und für das kluge Theater, das dabei entstand; Edith Draxl und uniT für das Schaffen von Verbindungen; den Interview Partner:innen für die Bereitschaft, ihre Geschichten zu teilen.
Cornelia Niedermeier für das feine, unbeirrbare Begleiten dieser und aller Texte.
Usama für unsere gemeinsame Sprache.

INHALT

Ivna Žic, geboren 1986 in Zagreb und aufgewachsen in Zürich. Studium der Angewandten Theaterwissenschaft, Schauspielregie und Szenisches Schreiben in Gießen, Hamburg und Graz. Als Theaterregisseurin und Dramatikerin inszeniert und schreibt sie u. a. am Theater Neumarkt, am Luzerner Theater, am Schauspielhaus Wien und an den Münchner Kammerspielen. 2020–2022 gehörte sie zum Leitungsteam von Theater HORA in Zürich und arbeitet weiterhin an Projekten mit dem Ensemble. Für ihren Debütroman »Die Nachkommende« wurde sie 2019 sowohl für den Österreichischen Buchpreis als auch für den Schweizer Buchpreis nominiert. 2020 erhielt sie den renommierten Anna Seghers-Preis; 2022 den Conrad-Ferdinand-Meyer-Preis. Ivna Žic lebt in Zürich und Wien.

Die Autorin dankt dem Österreichischen Bundesministerium für Kunst und Kultur für die Unterstützung dieses Buches durch das Arbeitsstipendium Literatur 2021.

Erste Auflage Berlin 2023

MSB Matthes & Seitz Berlin Verlagsgesellschaft mbH
Großbeerenstraße 57A | 10965 Berlin
info@matthes-seitz-berlin.de

Umschlaggestaltung: Marion Wörle, Berlin
Satz: psb, Berlin
Druck und Bindung: Pustet, Regensburg
Printed in Germany
ISBN 978-3-7518-0917-7
www.matthes-seitz-berlin.de